"中国劳模"系列丛书

高压线上的"探险家"：
王月鹏

李文杰 / 著

吉林出版集团股份有限公司
全国百佳图书出版单位

图书在版编目（CIP）数据

高压线上的"探险家"：王月鹏 / 李文杰著. --
长春：吉林出版集团股份有限公司，2023.4
（"中国劳模"系列丛书）
ISBN 978-7-5731-3077-8

Ⅰ.①高… Ⅱ.①李… Ⅲ.①王月鹏 - 传记 Ⅳ.
①K826.16

中国国家版本馆CIP数据核字(2023)第039609号

GAOYAXIAN SHANG DE "TANXIANJIA"：WANG YUEPENG

高压线上的"探险家"：王月鹏

著　　者	李文杰	
组稿统筹	东北师范大学文学院创意写作研究中心	
撰写指导	余　弓	
责任编辑	宫志伟　　石榆淼	
装帧设计	李　鑫	

出　　版	吉林出版集团股份有限公司
发　　行	吉林出版集团社科图书有限公司
地　　址	吉林省长春市南关区福祉大路5788号　邮编：130118
印　　刷	唐山富达印务有限公司
电　　话	0431-81629711（总编办）
抖 音 号	吉林出版集团社科图书有限公司　37009026326

开　　本	710 mm×1000 mm　1 / 16
印　　张	8
字　　数	82 千字
版　　次	2023 年 4 月第 1 版
印　　次	2023 年 4 月第 1 次印刷

书　　号	ISBN 978-7-5731-3077-8
定　　价	40.00 元

如有印装质量问题，请与市场营销中心联系调换。0431-81629729

　　劳动创造财富，劳动创造幸福，劳动创造未来。习近平总书记在2020年全国劳动模范和先进工作者表彰大会上的讲话中指出："全社会要崇尚劳动、见贤思齐，加大对劳动模范和先进工作者的宣传力度，讲好劳模故事、讲好劳动故事、讲好工匠故事，弘扬劳动最光荣、劳动最崇高、劳动最伟大、劳动最美丽的社会风尚。"当今世界，综合国力的竞争归根到底是科技人才和高素质劳动者的竞争。改革开放以来，我们强大的工人队伍用辛勤劳动和拼搏奉献推动中国制造、中国智造、中国创造走向世界的前列，新时代的中国面貌日新月异。大力弘扬劳模精神、劳动精神、工匠精神，加强高素质技能人才队伍建设，打造一支宏大的知识型、技能型、创新型劳动者队伍是伟大时代赋予我们的历史责任。

　　劳动模范是民族的精英、人民的楷模，是共和国的功臣。自改革开放以来，广大职工勇立改革潮头，独立自主，奋发图强，勇于创新，其中涌现出一批批全国劳模和大国工匠，他们参与建设了代表中国高度、中国速度、中国深度的一系列重大工程，提升了国家实力，打造了"中国名片"，树立了"中国品牌"，增添了"中国力量"，充分释放出工人阶级的创新活力，展示出大国工匠强大的创造能力。他们以工人阶级的满腔热忱在各自平凡的工作岗位上创造了辉煌的业绩，书写了新时代的壮丽篇章。

爱岗敬业、争创一流、艰苦奋斗、勇于创新、淡泊名利、甘于奉献的劳模精神，崇尚劳动、热爱劳动、辛勤劳动、诚实劳动的劳动精神和执着专注、精益求精、一丝不苟、追求卓越的工匠精神，是广大劳动群众在社会生产实践中锤炼形成的弥足珍贵的精神财富，是工人阶级伟大品格的具体体现，是民族精神和时代精神的生动体现。民族复兴需要劳动模范，祖国强盛需要大国工匠，中国制造、中国智造、中国创造更需要大国工匠的强有力支撑。劳模、工匠等的成长故事、先进事迹中承载的劳模精神、劳动精神和工匠精神，是激励全国各族人民团结奋斗、勇往直前的强大精神力量。

"中国劳模"系列丛书，采用图文结合的方式，讲述全国劳模、大国工匠和先进工作者的成长经历及他们追梦、筑梦、圆梦的故事，用他们在平凡岗位上创造不平凡业绩的真实故事感染读者，形成劳动最光荣、劳动最崇高、劳动最伟大、劳动最美丽的社会风尚，引导广大技术工人和青少年形成劳动光荣、技能宝贵、创造伟大的观念。

"匠心筑梦，强国有我。"新时代是万象更新、生机勃勃的时代，也是一个继往开来、创新创业和建功立业的大时代。希望广大读者能以劳动模范为楷模，以大国工匠为榜样，立志技能报国、技术强国，踔厉奋发，勇毅前行，锤炼思想品格，汲取劳动智慧，勇于担当、勤于钻研、甘于奉献，为推进新型工业化和乡村振兴，加快建设制造强国、质量强国、航天强国、交通强国、网络强国、数字中国、农业强国，为全面建设社会主义现代化国家贡献青春力量。

高凤林

中华全国总工会副主席（兼）

中国航天科技集团有限公司第一研究院

211厂14车间高凤林班组组长

2022年11月

传主简介

　　王月鹏，1979年生，北京密云人，中共党员。1998年6月入职北京密云供电公司，2002年调到北京昌平供电公司，现为国家电网北京昌平供电公司配电不停电作业室班长、国家电网有限公司首席专家。

　　王月鹏从事带电作业工作已经二十余年，他不畏艰险，在万伏电压电线之间，仍能稳如泰山；他苦练本领，即使戴着厚重的绝缘手套，也能准确地把8毫米的螺丝拧到位。截至2020年，王月鹏已经收获了7项国家级专利成果，这些足以说明执着、探索、创新和奉献的精神，已经化为他生命的底色。

　　2006年，荣获"全国电力行业技术能手"称号；

2010年，荣获"中央企业先进职工"称号；

2011年，荣获"北京市优秀共产党员"称号；

2012年，荣获首都劳动奖章；

2013年，荣获全国五一劳动奖章；

2018年，荣获"北京大工匠"称号；

2019年，荣获"国家电网公司国网工匠"称号；

2019年，荣获首都精神文明建设奖；

2019年，荣获"最美国网人"称号；

2020年，荣获"国家电网公司特等劳动模范"称号；

2020年，荣获"全国劳动模范"称号；

2022年，当选为国家电网有限公司首席专家。

王月鹏把自己的全部所学传给了他的徒弟们，这不仅是在传承"劳模精神"，更是在传递光明。皎皎如月，鲲鹏振翅，"能让老百姓少停电，不停电"就是王月鹏的理想，他也在为此而不懈地奋斗着！

目 录 CONTENTS

第一章　敲敲打打，快乐童年

父母点燃的劳动之灯

炽热而绚烂

接近，接近

小小的眼睛里

尽是热烈的火苗

听话的小月鹏

1979年11月的一天，王月鹏在北京市密云区高岭镇栗榛寨村出生了。

北京市密云区历史悠久，最早北魏道武帝拓跋珪在此设县，2015年，国务院将"密云县"改为"密云区"。"密云"一词充满诗意，层云密布于山峦之间，有如仙境，如果置身其中，必有冯虚御风、羽化成仙之感。事实上，密云区也确系因此而得名。

在密云区南面十余里地，有一座海拔648米的黍谷山，夏天时，山上一旦云雾弥漫，不久便会有倾盆大雨，人们甚至以此自然现象为生活中的天气预报。只要山上起云，人们就会收起晾晒在场院的栗苞，等待大雨来临。孩子们在雨中奔跑着嬉戏，大人们满脸都洋溢着即将丰收的喜悦之情。

王月鹏从小就非常听父母的话。在炎热的夏季，村里其他的小朋友中午都不睡午觉，大家会聚在一起玩耍，或者一起去野泳，但王月鹏的父母要求他中午老老实实地在家里睡午觉，这样既能保证下午充沛的精力，又能防止发生意外。小月鹏也很听话，从来没有偷偷摸摸地溜出去到村子附近的水库游泳。每天吃完午饭，小月鹏就自觉地去睡午觉，即便窗外欢声笑语，小月鹏心里也没有被激起丝毫的涟漪，很快便进入了梦乡。

栗榛寨村距离密云水库很近，大概有五六里地。素有"燕山明珠"之称的密云水库目前是华北地区最大的水库，是北京最重要的地表饮用水源地。它位于潮河、白河中游偏下，是拦蓄白河、潮河之水而成，库区横跨两河。苍翠之间，碧水荡漾，白云映在水面上，宛如一幅"碧波荡漾图"。在一代代密云人的守护下，这涌动的生命之水仍在孜孜不倦地养育着密云人。

身边很多的小伙伴都在那里学会了游泳，但小月鹏的父母一直告诉他：那个地方很危险，不能去。所以一直到现在，他都不会游泳，也因此被大家嘲笑。在小月鹏的眼中，母亲和蔼可亲，父亲则比较严厉，只要他做了不对的事情，父亲一变脸，他立马就老老实实了。有时候小月鹏会感到委屈，就找母亲说自己做事情的前因后果。母亲的文化水平虽然不高，但也是一个极明事理的人，每每都会耐心地指出小月鹏做得不对的地方，鼓励他做对的事情。

村子本身就不大，大家互相都认识，小月鹏年少时也是憨厚老实、惹人喜爱的，而且聪明好学，是一个懂事的好孩子。还没有上学时，他总喜欢到学校里的操场上和小朋友一起玩耍，大家可以在一起扔沙包、踢足球、玩弹珠子。小月鹏最喜欢的就是踢足球，在足球场上可以奔跑，大汗淋漓，他一边带着球，一边飞奔到球门前，进球的那一瞬间，小月鹏心里总是会非常开心。最重要的是，他可以交到很多朋友。学校的老师有时看见他在操场上踢足球，就会走到他身边，弯下腰来，乐呵呵地问小月鹏："你要不要来上学呀？老师都可喜欢你了呢。"小月鹏气喘吁吁，脸蛋红扑扑的，什么也没有说，就笑嘻嘻地跑掉了。

月鹏小时候，村子里面没有幼儿园，也没有学前班，村里的小朋友都是直接上小学的。入学小测验只考一件事，就是从1数到100，而小月鹏早就可以倒"数"如流，所以这个测验对他来说根本不是什么难题。入学后，老师又教他背古诗，虽然那时他还不识字，但他会把写好古诗的纸拿回来，一遍遍地背给爸爸妈妈听。"锄禾日当午，汗滴禾下土""清明时节雨纷纷，路上行人欲断魂""不知细叶谁裁出，二月春风似剪刀"，小月鹏一边摇头晃脑地背这些古诗，一边问爸爸妈妈这是什么意思，虽然听了也不太懂，但也很有兴趣，然后再去学校背给老师听。"平仄平仄平平仄，仄平仄平仄仄平"，古诗婉转悠扬的韵律也在不知不觉中涤荡着小月鹏年幼的心灵。由于小月鹏的自学能力超强，因此老师们都非常喜欢他。

小月鹏九岁那年，弟弟降生了，他成了大哥哥。小月鹏就很疼弟弟，经常哄他玩，陪他做各种各样的游戏。记得有一次，母亲因为要在院子里干活，弟弟还不会走路，刚会爬，放在屋里炕上，又怕他爬到炕沿边掉到地上就麻烦了。母亲就用布条把弟弟绑在自己腰上，可偏偏布条不结实，断了，还是让弟弟摔到了地上。这时小月鹏正好从外面回来，看到弟弟头上的大包，哇的一声就哭了，心疼得不知所措。他到屋里的柜台上拿起剪子，把布条剪成一小段一小段的，不让母亲再拿这个来绑着弟弟。看见小月鹏对弟弟如此疼爱，母亲自然也没有多说什么，只是告诉他这样做是不对的，做事情不能这么冲动，当然，也保证自己不会再这么大意了。小月鹏看见母亲自责的样子，立刻上前承认错误道："妈妈，我不是故意剪布条的，以后不会了。您别生气。"听到小月鹏的话，母亲紧皱的眉头总算是舒展开了。

爱研究车的爸爸

小月鹏的父亲在20世纪70年代曾做过部队里的司机。司机这个职业在当时是非常吃香的，早有"四大金饭碗"之说——听诊器、方向盘、人事干部、售货员，这里的"方向盘"就是指司机。20世纪80年代，全国的民用汽车总量只有约178万辆，人们出行一般都是骑自行车，更何况在70年代，汽车的数量就更少了，所以小月鹏的父亲仅靠这一门手艺就可以养活一家人。这也让小月鹏明白了一件事：如果自己能学到一种实用性很强的本领，就能有一口饭吃。

父亲退伍以后一直与汽车为伴，分别在不同单位做司机，直到退休。他既爱车，也惜车。每当父亲开着车载着小月鹏行驶在村子里时，村子里的人都会在院子里跱着脚、探着脑袋往外看，汽车走到哪里，他们的眼睛就跟到哪里，并向父亲投来羡慕甚至崇拜的目光。当车停下来的时候，总会吸引一些人过来看，他们一边看一边议论，都觉得小月鹏的父亲能成为汽车司机很厉害。这个时候小月鹏就躲在父亲身后，腼腆地跟大家问好。父亲也一直把汽车当成自己的好朋友，细心照顾呵护，每天傍晚回到家，父亲都会用干净的毛巾把车上的每个角落认真地擦拭一遍，有时候一忙就是一个小时，擦完以后，车就跟新的一样。

在1999年之前，我国的汽车大都是化油器的，车上带有风门。北京的冬天很冷，漫天大雪常常在寂静的夜里飘然落下，无数的雪精灵会挤满村子的每个角落，房顶、路面、枯树、柴垛，都仿佛穿上了一袭白衣，美极了。清晨，小月鹏起来，走到院子里，看着外面雪白的世界，听到公鸡在打鸣，邻家院里的狗正"汪汪"地叫着。父亲呢，早已在院子里扫出一条宽敞的路，小月鹏兴奋地跑向正在热车的父亲，呆呆地看着父亲用手拉起风门，脚踩油门，汽车就"轰轰"地响起来了。他也不太明白为什么这么大的东西在父亲的操作下，就能"轰轰"地响起来，觉得很神奇。

小月鹏坐别人的车都会晕车，但是坐父亲的车从来没有出现过这种情况。有时父亲会开着车带着他出门，父亲一边开车，一边和他聊天，提到最多的，还是当兵时在部队开车的事。有一次，父亲跟小月鹏说："在那么难、那么艰苦的条件下，大家也毫无怨言，能够保家卫国就感觉很自豪，这种自豪感胜过一切。"小月鹏虽然听不太懂，但还是偷偷地看了父亲一眼，发现父亲眼睛里竟然闪烁着泪光，这也击中了小月鹏幼小的心灵，他知道父亲只有说起"保家卫国"这个词的时候才这样。于是小月鹏也高声呼喊："我也要保家卫国！"声音飘出了车窗，落在燕山群岭之间，更在小月鹏的心里扎下了根。

父亲开车是一把好手，修车也很厉害。父亲的修车技术完全是靠自己慢慢摸索出来的。这也在潜移默化中影响了小月鹏。在平时开车的过程中，父亲都会有意识地去了解他所开的车型的特征和车的薄弱点，知道油门和刹车踩到什么程度能让车达到最佳的行驶状态。没有人指导，他就自己去五十多公里外的县图书馆借有关汽车维修的书来看。他常常向一些有经验的老师傅请教，这些老师傅有时候仅靠听声音就能判断出汽车是哪里出现了问题。父亲在请教完以后，回到家中就反复自言自语："真是太厉害了，靠耳朵也能给汽车'治病'！"小月鹏就好奇地问父亲："耳朵怎么能'治病'呢？"父亲就跟他讲熟能生巧的道理，小月鹏听得津津有味。

在小月鹏的记忆里，他经常看见父亲在下班后，简单地吃一口饭，然后就一个人在昏暗的白炽灯下看书，灯的周围飞着各种各样的小虫子，父亲丝毫没有受到影响。父亲的心里只想着研究书上的汽车图纸，有时候一研究就是一夜。白天，父亲会拿着图纸拆掉汽车的零件，不断地摸索汽车的构架和各个零件的功能，然后再尝试着按照原来的样子，把拆掉的零件装回去。就这样，拆了装，装了拆，加上父亲很有天赋，最终，在不懈的努力下，父亲成了小有名气的"汽车医生"，哪个司机的车出现自己解决不了的问题，就会找父亲帮忙，父亲也从来没有拒绝过，都会热心地帮助人家。其实，父亲也并没有想在汽车维修领域有多高的造诣，只是想着自己既然是汽车司机，就不能只局限于开车，凡是跟车相关的知识都应该主动了解一下，这样既可以保证自己的安全，同时也能帮助别人。

父亲开车养家，也细心照顾自己的爱车，在小月鹏的心里，父亲早已是他的劳动榜样。父亲的举动，不仅让他意识到了拥有一技之长对生活的重要意义，也让他真切地感受到了劳动的价值。

喜欢琢磨吃的妈妈

民生在勤，勤则不匮。

王月鹏的母亲虽然没有工作，一直都在和土地打交道，但她用一双勤劳的手撑起了家里的半边天。因为母亲的辛勤劳作，家里的粮食和蔬菜一年到头都不会断了供应。寡言少语的母亲以这样的方式默默地降低着家里的生活成本。

"九九加一九，耕牛遍地走"，春天来临，大地回暖，村子里的人都会在天刚蒙蒙亮时就扛着工具，昂首阔步地走向村东头的田地。母亲也会在这时候到地里把地翻好，用耙子把地搂得平平整整，每趟垄沟都像用工具量过一样笔直。父亲在闲暇时间，也会来田里帮母亲种地。

母亲有一个布袋子，一直挂在家里的房梁上，里面是她在前一年留下的各种各样的粮食作物种子，小麦、玉米、小米、高粱、黄豆、绿豆、红小豆等。之所以悬空挂着，为的是避免招来老鼠，万一被老鼠觅到就麻烦了。在母亲把垄沟翻好的同时，她就会定好每种农作物要种的位置，这一步很关键，因为有些农作物不能重茬（重茬也叫连作，是指在一块田地上连续栽种同一种作物），一旦重茬，可能会影响庄稼的生长。母亲拿着这些种子到地里规划着："这一片种绿豆，那一片种玉米……"再弯着腰，将种子一粒一粒撒进地里，用土埋上。种子种在地里以后，要马上浇水，要不然种子容易"憋死"在土下面，那就白辛苦了。

到了炎热的夏季，母亲为了避开中午的烈日，总是在凌晨三四点钟起来下地干活，那个时候天刚蒙蒙亮，远方的天际泛出一抹温和的红色，清风吹拂着绿草。走在田间的小路上，看着绿油油的庄稼，闻着草香，小月鹏母亲的脸上浮现出一丝丝笑意。但如果地太荒了，长了许多杂草，或者苗又种厚了，母亲也只能顶着烈日，戴着她破旧的草帽，一边锄草，一边间苗（为保证幼苗有足够的生长空间和营养面积，应及时拔除一部分幼苗，选留壮苗，使苗间空气流通、日照充足）。有时候实在忙不过来了，她早晨从家走的时候，会带着午饭，中午随便找一棵高大的树，在树荫下铺一个塑料袋子，坐在上面随便吃一点。吃完，简单地休息一会儿，再接着干活儿。

面朝黄土背朝天，太阳绝不会可怜一个农妇的辛劳与不易，它照常发光发热，为了生活，母亲只能顶着烈日干下去。汗水顺着额头滑过脸颊，流进嘴里，咸咸的。有时汗珠砸在土块上，有时会流进眼睛里，她也只是用搭在脖子上的毛巾擦一擦，然后继续干活。回头看看被自己收拾过的规整的田地，小月鹏的母亲满意地笑了。母亲的种地技术好，庄稼长得好，秋收的时候，自然可以获得好收成。

每到放假，小月鹏也会跑到地里帮父母干一些活，扒苞米啦，捡黄豆啦。那时的农村并不像现在有玉米收割机，他们只能用镰刀将玉米秸秆一株一株从根部割下来，放成一堆一堆的。全部割完以后，再集中一堆一堆地扒，扒完了再一袋一袋地拿到场院里，准备脱粒。有时候可能会在地里落下一些玉米，就需要有人去捡。小月鹏一般会跟着母亲，一只手拎着袋子，另外一只手在地上捡，小小年纪的他只能捡半袋子，多了就拎不动了。全部捡完以后，就可以脱粒了，脱粒的方式有两种，一种是用手动的玉米脱粒机，一种是用手搓。小月鹏比较喜欢用脱粒机，因为他觉得好玩儿。满地的玉米粒，在阳光的照耀下，显得格外金黄，全家人有说有笑的，这或许就是劳动带来的喜悦吧。

时间一长，大家都知道母亲种地种得好，街坊邻居也都愿意和母亲交流种地经验。什么时候施肥、什么时候间苗、间苗间到什么程度是最好的，诸如此类的问题很多，甚至会从母亲这里带一些比较好的种子回去，等着来年种。

母亲掌心凸起的老茧，是撑起全家的稳固基石；黝黑的皮肤，是守护全家的坚毅屏障；两鬓的银发，是默默奉献的无声之痕。她把一切都献给了这个家，从无怨言。

小月鹏爱吃母亲做的豆腐，但是豆腐不能在夏天做，因为不易保存，容易馊——20世纪80年代的农村很少有人家会有电冰箱——所以只能在冬天做，吃不完的可以放在井里冻起来，还能吃到好吃的冻豆腐。在母亲的精心劳作下，黄豆也丰收了，而且每粒黄豆都长得很饱满。个子不高的母亲——也许与长年在地里劳作有关——力气却大得很。母亲一个人就可以肩挑两大桶泡好的黄豆去加工厂加工，小月鹏就拿着那些不重的水瓢和铝盆，一路蹦蹦跳跳地跟着母亲，到村子里的加工厂去把豆子磨出来。

回到家里，母亲会准备好卤水、屉布，还有一个铁盆和一些干柴。两人分工明确，小月鹏主要是给母亲打下手，负责添水烧柴，还有一项最重要的任务——吃。母亲把磨好的豆子煮沸，倒在像漏斗似的白色屉布里，然后熟练地晃动屉布，豆腐渣就和豆浆逐渐分离开来。最后，均匀准确地将卤水"点"进盛有豆浆的锅里，豆腐的"前身"豆腐脑就做好了。这个时候小月鹏早已准备好了酱油、香油和蒜末，眼巴巴地望着锅里的豆腐脑，口水都快流出来了。看着小月鹏馋成那个样子，母亲赶紧给他盛了一碗。"你慢点吃，这么多呢！"看着儿子吃得那么香，母亲就更开心了。小月鹏吃完以后，又去玩暖暖的豆腐渣，把它们做成各种小人儿，还会把它们捏成爸爸开的汽车的形状，放在手里仔细端详，然后拿给爸爸看。"爸爸，你看看像不像咱家的大汽车？"父亲看着小月鹏认真的样子，忙说："这比咱们家的汽车还好看！"

要压豆腐了。母亲会把豆腐脑都盛在一个大的模具里，上面用一块石头压实，静置几个小时，喷香、雪白的豆腐就做成了。直接用手掰一块儿放进嘴里，什么佐料都不需要，就能唇齿留香，只要吃一次，一辈子都不会忘记这个味道。

当时农村物质资源比较匮乏，没有商店，只有一家供销社，一般是凭票购物，买东西很麻烦。所以农村的每户人家都会在自家门前开辟出一块菜园子，种点平时吃的蔬菜瓜果。小月鹏的母亲不仅擅长种庄稼，菜园子也打理得非常好。品种齐全，都是应季蔬菜，一茬接一茬，不同季节的黄瓜，各种品种的豆角，颜色不同的茄子，沙瓤脆甜的西红柿，辣度各异的辣椒，白白胖胖的花生，割不尽的韭菜，还有倭瓜、菱瓜、冬瓜等。母亲会用园子里收的蔬菜腌咸菜，做各种各样的菜肴，蒸炒炖煮，样样拿手。不论是家里来客人，还是大年三十的年夜饭，母亲做出来的饭菜都是十里飘香、远近闻名。

园子里还种有葫芦，在它成熟以后，可以做成水瓢，非常好用。小月鹏小时候家里条件不好，这样也可以节省一笔开支。那时家里只有一只老母鸡，母亲把它每天下的蛋都给小月鹏吃，营养身体。虽然生活很拮据，但是父母把最好的都给了小月鹏。

民以食为天。母亲虽然是农民，但是因为有自己的手艺，得到了村里人的尊重，更重要的是，母亲让她的所有劳动成果都变成了家人的享受，这让小月鹏真切地感受到了劳动的意义——劳动是值得被尊重的，劳动是快乐的。

第二章　青春少年，与电结缘

学校，是一座魔法堡

书本铺就的路

铅笔垒砌的墙

知识筑成的梯

我

要变成

最好的生命魔法师

后来，我遇见了电

电，穿越时光

为一个少年

注入无尽的热血

从此，他的每一个脚印

都散发着光和热

终于上学啦

一、优秀的班长

1986年，七岁的王月鹏踏进了校园。

学校里有几排低矮破旧的平房，夏天时院子里到处都是大雨后留下的纵横交错的车辙印，教室里的窗户都是用纸糊的，大风大雨来临时，所有的窗户都呼呼作响，雨水随时会借着大风穿过窗户飞溅到教室里。桌椅板凳都是用木材厂剩下的边角料拼凑而成，上面坑坑洼洼，有些淘气的孩子在上面刻着各种各样的符号，有人还会学着鲁迅先生在桌角刻一个"早"字，但是能不能早来就是另一回事了。有时候凳子不够用，老师会把两条板凳放在两边，中间搭上一根超长的木板，这样就可以多坐几个人了。

教室设施虽然简陋，但是在课下，孩子们可以做的游戏却特别多，踢毽子、跳皮筋、丢沙包、摔方宝……其中令王月鹏印象最深的就是摔方宝。一般要找土质松软的地方，把方宝卧在土里，对方要借用风力和巧劲儿把地上的方宝掀翻，这样就赢了。有时王月鹏能赢很多张方宝，同时也不可避免地沾上一身的泥土，但是每次赢满了一书包的方宝时，他都很开心。

　　除此之外，王月鹏受班主任老师的影响，还喜欢参加各种活动，尤其喜欢朗诵和说相声。记得有一次学校组织以"歌颂劳动"为主题的朗诵比赛，要求每班选一个人代表班级参赛。王月鹏听到这个消息，一溜烟地跑到老师的办公室，跟老师说："老师，我想参加，我想歌颂我的妈妈！"老师听了，微微一笑，表示非常支持他的想法。小月鹏也为此做了充分的准备，他每天只要有时间就会背稿子，上学路上或者放学后，甚至晚上睡觉前都在背诵稿子的内容，等到早晨起来，还会再过一遍稿子。但比赛当天，当他走到台上，看着台下所有人都在盯着自己，一瞬间大脑一片空白，他的掌心开始冒汗，背得滚瓜烂熟的内容全都忘了，比赛成绩自然很不理想。这次登台经历也让王月鹏患上了"上台恐惧症"。

　　比赛虽然失利了，但老师并没有责怪王月鹏，反而耐心地和他交流自己当年参加比赛时的经验，还有身边的同学们，也不断地鼓励他，陪着他一起模拟参加比赛时的场景。老师把班级讲台当作小舞台，让他不断地尝试。一个人、五个人、十个人……慢慢地增加人数，最终在老师和同学们的帮助下，王月鹏终于克服了心理上的障碍，重建了自信。

　　从此以后，王月鹏爱上了朗诵。能把自己喜欢的文字，用自己的声音、形体、动作表演出来，让每个听到的人走进他建造的世界，他觉得没有比这更有成就感的事情了。

　　北京的冬天，寒风凛冽，漫天冰雪，大街小巷每个人都裹得严严实实的，一个个的脸蛋儿被冻得通红，两只手交叉插在袖子里。即使如此，也不妨碍一些淘气的孩子在冰面上滑来滑去，玩得不亦乐乎。

在王月鹏上课的教室里有一个炉子，每年冬天，学校都会买进一批煤和苞米瓤子，用来烧火取暖。老师会安排值日生，有人扫地，有人擦黑板，有几个人要拿着袋子和撮子去库房里收煤，要先把苞米瓤子放进炉子里，用废弃的纸引着，等到火着得旺起来，就可以放煤了。炉子火旺一些，大家就暖和一些。家离得稍远的同学，都会从家里带午饭，一般用一个长方形的铁饭盒装着，到校后把饭盒放在炉子上热着，中午就可以吃到热乎乎的饭了。所以每到中午，教室里就飘满了各种各样的饭菜的香味，但王月鹏觉得这些味道都不及母亲做的万分之一。

夏天的教室就像一个大火炉，真是"冬凉夏热"啊！到了下午上课的时候，不管老师的课堂多么精彩，大家都容易犯困，只能靠没有窗户纸的窗户自然通风，其实根本没有什么用，即使有风，也是热风。有的学生一直在"磕头"，这很影响学习效果。而王月鹏从小养成了午睡的习惯，所以他一直都能保持充沛的精力，听得进去，记得下来，通过慢慢地积累，打下了良好的基础，所以他的学习成绩在班级里始终名列前茅。

王月鹏从一年级开始就一直是班长，经常为老师分忧解难。老师不在班级时，他会替老师维持班级纪律，一本正经地坐在讲台上看着同学们上自习。他眼神犀利，要是班级里哪个同学交头接耳，他就会严肃地说："都安静点！"别的班级的老师从静悄悄的王月鹏所在班级走过时，都在感叹："这孩子当班长，真让老师省心。"事实也是如此，王月鹏身为班长以身作则，即使是自习课也绝对不会和别人说闲话，都是在很认真地复习老师讲过的知识点。而且他能热心地帮助同学，一起进步，所以班上的同学都很信服他。

学习和管班级两不误，因为王月鹏的优异表现，他曾获得过"北京市红领巾奖章""校三好学生"等荣誉。有一次颁奖，校长在操场上当着全校所有师生的面，宣读表彰决定。王月鹏登上领奖台时，既紧张又兴奋，那一次经历，是他一直引以为傲的。

记得在上四年级的时候，班里重新选了一次班长，王月鹏的班主任主要是依据学习成绩来决定班长的人选。当时留了一次难度大、题量多的作业，最终全班只有王月鹏全部正确而且工整地完成，他也因此被选为班长。

可没想到，第二天的作业他就错得一塌糊涂，直接被老师叫到办公室"约谈"了，老师很严肃地说："王月鹏，你太骄傲了！不能有点儿成绩就自大自满。班长是当上了，但那不光是荣誉，还要有责任，要起到带头作用，要做好标杆，大家都在看着你呢！一次全对不代表能一直全对，不能飘，要踏踏实实地对待每次的作业和考试。"王月鹏是眼含着泪水走出老师办公室的，但他并没有让泪水流下来，因为他知道自己错在哪里了，那一次老师的话也深深地刻在了王月鹏的心里，他懂得了将来无论取得什么样的成绩，都必须踏踏实实地走好每一步。

四年级下学期，有一次王月鹏去送作业，在走廊拐角处遇到了学校的大队辅导员，她叫住王月鹏，很认真地说："王月鹏，我要好好地培养你。"结果没过几天，他就成了栗榛寨小学少先队大队长，后来才知道，是自己的班主任向辅导员老师重点推荐了他。小学时的王月鹏其实并没有什么远大的目标，只是想着一定要考进县里的重点中学——密云二中，这样才有机会走向外面更加精彩的世界。

二、考进密云二中

国学大师王国维先生曾经用北宋著名词人柳永的一句词来阐释人生第二境界——衣带渐宽终不悔，为伊消得人憔悴。要想达到"众里寻他千百度，蓦然回首，那人却在，灯火阑珊处"的第三境界，必要经历这样的一个过程，王月鹏的经历也在验证着这一境界。

王月鹏的目标就是考进密云二中。这所学校在1978年就被认定为北京市第一批重点中学，是很多学子梦想的学校。但要想从一个偏远的小山村考到县城重点中学是很困难的。王月鹏明白，自己必须有背水一战的决心和勇气，要有一股子韧劲才有机会实现自己的目标。

父母托人从县城找来了许多试卷，王月鹏每天沉浸在题海当中，一遍一遍地刷题，遇到不懂的就问老师。平时对知识的积累、完成作业的质量、预习复习，每个环节他都严格要求自己，养成了良好的学习习惯。在老师和家长的眼中，王月鹏永远是学习最努力的那个孩子。

最终，王月鹏通过自己的努力，考入了密云县第二中学。那个时候，农村的教学内容和城市的教学内容衔接得并不是很好。城市里的很多学校可能很早就开设了英语课，或者根据教学需要，开设其他外语课程，但农村却并没有。因此，很多家长甚至宁愿让自己的孩子留级，从头开始学习外语。但王月鹏并没有留级，为了更好地适应初中学习，他还特意在六年级暑假期间预习了一些初中的英语课程。

但是，密云二中的外语课是俄语，这注定成为王月鹏学习路上的一个门槛。因为从来没有学习过俄语，所以在后来的考试当中，他的俄语成绩就没有及格过，以致后来的总成绩也受到了影响。

除此之外，还有学习进度的问题。由于农村小学的教学内容过于简单，王月鹏在初中学习新的内容时很难跟上，全班53个人，第一次考试排了第21名，对于在小学次次考第一名的王月鹏来说，这样的名次实在有些难以接受。他想和父母诉说自己内心的想法，可那时的学校离家有52公里，回一趟家很难，只能住在学校里，所有不愉快的事情就只能靠自己消化。有时到了夜晚，同寝室的人都已经熟睡，王月鹏却在床上难以入眠，听着此起彼伏的呼吸声，他想了很多，一身骄傲的王月鹏在不知不觉中流下了伤心的泪水，没多大一会儿就已经浸湿了母亲特意为他做的枕巾，看到上面的一针一线，想起了父母，王月鹏心想：我绝不能轻易放弃，我得认真看下我的考试卷子，看看还有没有可以提分的地方。想着想着，王月鹏就摸黑下床拿出自己的卷子，打着手电筒，分析自己做错的那些题，就这样，一直学到天亮。

密云二中是王月鹏的梦。在村里人的眼里，能考上密云二中不亚于高考考上清华、北大，这是父母的希望，是家族的荣耀。他本来想在这里展翅高飞，可没想到现实太残酷了，到了学校，新的住宿环境，陌生的同学，所有的事情都要自己做，洗衣服、办饭卡、晒被子等，之前有父母在身边，现在只能靠自己。

学校高手如云，也是王月鹏没想到的。小学时他是学校里的佼佼者，但来到这里，考试再也不是"永远的第一名"，很多的基础课程，他和大家根本不在一条起跑线上。王月鹏很想改变这种学习状态，费了很多心思去想自己怎样才能改变，但最后也没找到答案，那种学习上的优越感渐渐地消失了。

上了密云二中以后，王月鹏的愿望原本是考一所好的大学，然后再读研，进一步深造。但许多时候往往事与愿违，只能权衡，改变自己的目标。当一条路走不下去的时候，换一个方向，也许会别有一番风景，拥有一个不一样的人生。

三、技校，新的开始

不知不觉间已经到了初三，王月鹏的学习成绩一直没有明显的起色，几次模拟考成绩都没有达到重点高中的分数线。如果非要上高中，也只能上普通高中。但自己各学科的基础相对比较薄弱，上了高中也会跟不上学校的进度，只会把自己弄得更疲惫，很有可能考不上自己理想的大学。想想这些，王月鹏对自己是没有任何信心的。可不上高中，自己这么多年的努力不就都付之东流了吗？小学成绩优异，初中上的又是密云最好的市重点初中，到头来学习三年的结果却是这样，王月鹏的心里就像打翻了五味瓶一样，说不上来是什么滋味。

在暑假一个闷热的夜里，到了填报考志愿、决定人生方向的时候了。王月鹏在家里和父母商量着接下来该怎么办。响亮的蝉鸣，聒噪的蟋蟀，在院子里此起彼伏地叫着，王月鹏的心里很烦躁，甚至有些不甘。昏暗的灯光下，父亲深吸一口烟，吐出的烟雾遮挡了他脸上一道道苍老的皱纹。父亲说道："既然你有这么多的担心，还是再好好想想吧。三百六十行，行行出状元，怕什么？有爸在呢。"母亲也表示会尊重王月鹏做出的决定。权衡再三后，王月鹏最终放弃了报考高中，选择了去技校读书。

这时新的问题又出现了，王月鹏所学的俄语再次显现出了弊端。大部分院校都限招英语，即只招收外语考试科目为英语的考生，他是无法报考的。最后在和父母商量后，王月鹏决定报考电力方面的技校。

对于王月鹏报考技校这件事，父母只有一个想法，那就是既然要走技校这条路，就一定要选一个相对好一些的、能真正学到技术的学校。在咨询了很多人以后，最终选择了北京供电技工学校。

不奋发，则心日颓靡；不检束，则心日恣肆。强者往往会在挫折中吸取经验教训，然后重新收拾行囊，再度出发。王月鹏到了新的学校，觉得一切又可以重新开始了。

技校的课没有那么多，这就意味着有大量的时间可以自主安排。在闲暇时间，王月鹏参加了一个关于参观抗日战争纪念馆有感的征文比赛，文章要自己写完再进行演讲。王月鹏小时候背的诗词在这个时候发挥了巨大的作用，他站在台上，眼前仿佛出现了无数革命志士为国牺牲的画面，他激动地说："肃清日寇吾侪事，鹬蚌相争笑列侯！"演讲到最后，他用坚毅的眼神、嘹亮的声音对台下所有人说："同学们，梁启超先生有一句话'饮冰不惧，热血难凉'。今天，我们不忘历史，不忘那些屈辱的岁月，要以此为精神之源，要以萤烛微光，增辉日月星河！"说完，台下响起了热烈的掌声，最后他毫无悬念地得了冠军。

也正是因此，他成为校广播室的一名播音员。当上播音员以后，还给他带来了一个意想不到的小惊喜，那就是广播室可以作为安静的自习室。他给自己列了一个详细的计划，学校每天下午三点十五放学，晚上七点才上晚自习，中间空出来将近四个小时的时间。在这段时间，先完成老师当天布置的各项作业，对一天的功课进行总结、梳理，再按照课程表对第二天的科目进行预习，循环往复。他每天都能高效地完成清单上的学习任务。

到了技校以后，新的环境、新的方向。王月鹏又找到了在小学时名列前茅的学习状态，重新燃起了斗志。

与"电"结下不解之缘

一、榜样的力量

技校的学习生活是丰富多彩的，不仅要学习理论知识，还要学会实际操作。尤其对于王月鹏的专业来说，这些都非常重要。王月鹏在广播站一直表现得很好，嘹亮的声音非常具有感染力，文采也不错，而且还很负责任。有时学校会突然通知广播站播放一些紧急的通知，王月鹏也可以在最短的时间内写出一份稿子，精准无误地播出来。因为他的综合素质比较高，所以在一次电力公司组织的专项技能比武中，王月鹏被推荐担任大会的主持人工作。

秋意浓浓，天气也是分外凉爽。王月鹏所在的主持台距离比赛场地很近，所以他可以清楚地看见在场的每位参赛选手的动作，其中有一个环节给王月鹏留下了深刻的印象。

选手们需要在地面以最快的速度把一个高2.1米、重量约40公斤的设备安装好，然后再登上12米高的电线杆，将安装好的设备固定在杆顶。可想而知，完成全部操作难度是非常大的。王月鹏甚至觉得这很难做到。如此重的设备，一般人在地面上想要举起来都很费劲，更别提要用绳子把它拉到12米高的杆顶上去了。可现场选手们的表现却让王月鹏惊掉了下巴，他瞪大眼睛，目不转睛地看着，都有点儿忘记自己是主持人了。

地面上散乱的数十个零件让王月鹏眼花缭乱，但对这些专业电工师傅们来说却是驾轻就熟。只见他们将那些零件快速地分类整理，每个人的表情都很淡定从容。很快他们就把零件组装好，然后用绳子把装好的设备拴住，使用专业的登杆脚扣，登到杆顶，那速度简直是健步如飞。

登杆脚扣，是用钢或者合金材料做成的一种攀登电线杆的工具。登木杆和混凝土杆使用的是两种不同的脚扣，一种扣环上带铁齿，另一种则是带橡胶，主要通过摩擦力来帮助使用者攀登电杆。

师傅们在高空站定一个位置，将绳子拉紧。一弯腰、一挺身，几次倒手，80斤重的设备就被拉到了师傅们的手边；再憋足气、铆足劲，一下就把设备安装在了杆顶。

看着师傅们行云流水的动作，王月鹏的心里燃起了一团火。他暗自下定决心要以师傅们为榜样，磨炼自己，将来也要像他们一样干净利落地完成每项工作。

二、不服输的年轻小师傅

星海横流，岁月成碑。

两年的校园学习在不知不觉中就结束了，当学校通知最后一年要到校外实习的时候，王月鹏的内心抑制不住地兴奋，因为他对实习生活早就充满了期待。1997年，王月鹏和其他的17名学生一起被分配到北京供电公司输电处下属的检修班进行实习。

抵达实习驻地以后，王月鹏最初的那种兴奋劲儿一下子就没有了，甚至还觉得有点儿凄凉，主要是因为这里的环境跟王月鹏想象中的不太一样。在杂草丛生的院子周边，有一片树林，附近还有一条小河，远处甚至可以听见狗叫的声音。王月鹏只好凭借自己深厚的文学素养来安慰自己：王国维曾说"欲成大事者，必要经过三重境界，第一境界就是'昨夜西风凋碧树，独上高楼，望尽天涯路'，虽然身处荒芜之境，但我也要坚守自己的初心，一定要好好干。"想着想着，王月鹏的心情平复了，内心也更加坚定了。

王月鹏所学的专业是"输配电运行与检修"，主要是负责杆塔、铁件锈蚀情况的检查，绝缘子的清扫和保障电路正常运行等工作。

实习自然也是围绕这个专业方向进行训练和考核。初来乍到，为了锻炼实习生的意志，为以后的工作打下牢固的基础，第一堂课，老师傅就带着他们来到一排20多米高的电线杆前，严肃地对每个人说："现在你们要迅速爬上杆顶，不准犹豫，不准退缩！"一边说着，一边扫视在场的每个人，"开始！"大家争先恐后地冲向电线杆，当爬到15米高的时候，不少人的腿开始发抖，甚至不敢往下看。最终的结果，师傅自然十分不满意。于是，师傅就为这些毛头小子制定了详细的单项训练计划，这被他们称为"魔鬼计划"。比如早晨要很早起床，然后以最快的速度吃完早饭，接着就进行登杆训练，而且要求动作规范，所有的步骤都不能落下，即使是最简单的穿戴脚扣也要标准规范。

一天的魔鬼训练以后，大家筋疲力尽地回到寝室。有的人胳膊肿了，有的人手上磨起了很多水泡，有的人脚上也全是泡，"哎哟"声此起彼伏，但没有一个人退缩。路过寝室窗外的师傅虽然听见了，但对他们的要求却没有放松一分一毫。主要是师傅太知道这项工作了，基本功必须扎实，这些在将来的关键时刻是可以保护他们生命的。

古之君子，其责己也重以周。

心怀壮志的王月鹏更是严格要求自己。看到其他同学可以很快速、合格地完成项目考核任务，王月鹏的心里除了羡慕也一直在给自己加油打气："别人可以做到的，我一样也可以，我又不差什么！"这种不服输的精神也正是在这个时期深深地埋进了王月鹏的心里。别人做一次，王月鹏就做五次，甚至更多，直到做到自己认为完美才停止。

如果有不清楚的问题，王月鹏就会虚心地向师傅或者一些成绩优异的同学请教。凡是请教过的内容，他都会记在自己的小本子上，以方便忘记的时候查看。有时候所有人都睡着了，王月鹏仍然打着手电筒在被窝里看，一遍又一遍在脑海里回忆每个项目对应的动作要领。终于，功夫不负有心人，慢慢地王月鹏也成了别人眼中的"一把干活好手"，经常被师傅作为榜样激励他人。

三、打破"十分钟魔咒"

校外实习的一个重要训练项目就是登杆更换110千伏直线杆绝

缘子串。

绝缘子串其实就是我们在电线杆顶部看到的类似于一串糖葫芦一样的东西，也有一些绝缘子是伞状的。它经常被放置在电缆和导体之间，之所以做成伞状，是为了防止雨水汇积在绝缘子上发生安全事故。另外绝缘子串的出现，可以大大降低闪络现象的发生。按照不同的划分方式，绝缘子又分为悬式绝缘子、支柱绝缘子、瓷绝缘子等。

天高日晶，烟霏云敛。远处树林中的秋叶在阳光的映照下，分外金黄。王月鹏接到通知，今天的训练项目是登杆更换110千伏直线杆绝缘子串。这个项目涉及两个操作，一个是登15米高的电线杆，另外一个就是更换绝缘子串。没什么经验的王月鹏，还没有掌握登杆的基本动作要领，更不用说登上杆顶完成更换任务了。

千里之行，始于跬步。

训练开始，王月鹏赶紧调整自己的状态，细细地回忆每个动作的要领，登杆之前要检查杆号、编码、位置，系好安全绳，戴上脚扣，开始攀登；到了杆顶以后，需要取下旧的绝缘子串，用绳子将其顺下去，底下的工作人员会把新的绝缘子串拴到绳索上，通过传递绳再送上去……王月鹏一边想一边做，动作没有问题，可花费的时间却太多了，整整用了五十分钟。他很不甘心，于是又开始了一遍遍的训练。这个项目的完成时间分为十五分钟、十分钟甚至八分钟。时间上都达到最终，王月鹏停留在了十分钟那一档，一直也没有逃脱十分钟的"魔咒"。

　　直到后来发生了一件事情，给了王月鹏莫大的勇气去打破这个"魔咒"。在进行一个项目训练时，有一个人不小心把使用的绳索在导线上滑出去了很远，所有人都认为在15米高的杆顶上把它取回来是不可能的。当大家议论纷纷的时候，师傅凭借多年的经验和精准的眼力，掷地有声地说："没问题，能取到，只要在电杆上把身体探平就可以。"

　　15米高，相当于五层楼的高度。如果要取回绳索，需要把安全带放到最大限度，让身体和电杆成近90度角。大家想了想，基本都在摇头表示这根本不可能做到。师傅笑眯眯地看着大家，问道："谁能上去把绳子拿回来？"大家突然就安静了。王月鹏望着导线上的绳子，大概判断了一下，感觉自己应该能行。于是就跟师傅说："我试试。"很明显，听到的人都感觉到那声音里充满了不自信。等到登上了15米的杆顶，王月鹏心想：完了，果然现实比理想更骨感，这真的不行啊！不知不觉，想放弃的话已飘到了嘴边，可底下的师傅不停地指导王月鹏，"把安全带放长一些，慢慢地把身体探出去。""再探，别害怕，再探一点儿。"1米，50厘米，10厘米，终于拿到了绳索！那一次，师傅的形象在王月鹏的心里瞬间变得更高大了。

　　生命的意义就在于永不停歇地奋斗，挑战自己！而人的潜力也真的是无穷无尽的，不去挖掘，就永远不会知道自己有多大的能力！经过这件事情，王月鹏对此更是深信不疑。"凭什么别人可以八分钟，我却要十分钟，我不服！"

王月鹏把整个项目分成几个步骤，然后给自己计时，看看完成每个步骤需要多久，再寻找自己薄弱的作业点，逐个击破。最终，将更换110千伏直线杆绝缘子串的时间缩短到了五分钟。

生活中的许多困难都是如此。当我们面临一个巨大的困难时，不妨尝试放平心态，把"大困难"分解成一个个"小困难"，这样我们就可以逐个克服，打破生活中的"魔咒"。

四、难忘的"实战"之夜

王月鹏在实习期间，经历了一个难忘的夜晚。

有一天，实习单位接到一个紧急事故处理任务，有一辆重型卡车刮到了铁塔上的导线，不但造成了线路停电，而且导线已经缠在了一起。这不仅影响了附近居民的正常用电，而且如果不及时处理，还有可能会出现其他安全事故。

因事发突然，没有办法临时调用其他有经验的老师傅，于是单位决定，从实习生中间选派两名表现优秀、基本功扎实的人员作为第二梯队前往事故现场，王月鹏就是其中之一。因为是第一次参加实战，王月鹏心里既兴奋又紧张，兴奋的是终于有机会能够检验自己这么长时间的学习成果了，紧张的是不知道自己能不能胜任。

晚上十一点多，工程车到达事故现场。漆黑的夜晚，没有一点光亮，几名老师傅迅速跳下车，细心查看以后，发现三十多米高的导线已经缠在一起，师傅们根据现场的情况制定处理方案。而王月鹏所在的第二梯队需要做的就是，时刻准备着协助。最终，他并没有"参战"的机会，但是这次经历给王月鹏留下了深刻的印象。

当他看到老师傅们到达现场，密切配合解决问题，看到所有的灯都重新亮起，黑夜被点亮时，他深深地体会到身为电力人的不易，同时也为电力人感到骄傲。这让王月鹏更加坚定了自己未来要走的路：在一线岗位上磨炼意志，锻炼本领，在平凡的岗位上发挥自己的价值。

⊙ 王月鹏现场工作照

第三章　淬炼本领，敢于探险

遨游在带电的世界

需要勇气、智慧

和不变的信念

电光火石之间

探险者，看见的是

被点亮的幸福

即使

遍地荆棘

也能用神圣的信念

披荆斩棘

迎接

崭新的通途大道

遨游带电作业的世界

一、正式成为央企员工

1998年3月，王月鹏以优异的学习成绩和实习表现从技校毕业。20世纪90年代，职业技术学校毕业的学生是包分配工作的。由于王月鹏各方面表现优秀，因此他可以在十三个区县的供电公司中任意挑选一个。"父母在，不远游。"王月鹏舍不得父母，父母也觉得密云离家比较近。因此，在和家人商量后，王月鹏最终决定回到家乡——密云供电公司。就这样，同年6月份，王月鹏正式成为北京密云供电公司的一员，被分配到公司线路班。

1980年到1987年，我国一直处于缺电状态。为了解决用电问题，国家一直在进行探索、改革。

1985年，出台"集资办电"政策；

1988年，成立国家能源部；

1993年，成立电力工业部；

1997年，成立国家电力公司；

2002年，成立国家电网有限公司。

国家电网有六大分部，分别是国网华北分部、国网华东分部、国网华中分部、国网东北分部、国网西北分部及国网西南分部。国家电网在发电、输电、变电、配电、用电这五大环节中起到了举足轻重的作用。尤其关于电的调控、供电、送变电、检修等，更是他们主要的职责，王月鹏所从事的正是供电和电网的运行及维护工作。

当村子里的人听说王月鹏在供电公司上班，时不时就会有人到他家来串门，"可以啊，老王，月鹏真给你争气！"王月鹏的父亲只是眯着眼，虽然一句话也没说，但能明显感觉到他嘴里吐出的烟雾似乎也得意起来。

王月鹏刚来到班组，一位年轻的副班长就给他安排了一次"摸底考试"——安装直线杆横担。王月鹏听到这个消息以后，摩拳擦掌，跃跃欲试，一想到自己当年也是成绩优异的，顿时信心十足。

王月鹏迈着自信的脚步走到电线杆前，检查了使用工具，系好脚扣、安全带，然后脚下生风般爬上杆顶。结果到了上边以后，他才发现这次考试并没有那么简单，横担安装的位置是有严格要求的，横担距离杆顶20厘米，三角形排列时，距离顶套40厘米。他仅仅在安装横担时就用了将近40分钟，因为在杆顶停留的时间过久，他的腿也不听使唤了，一直在哆嗦，手也开始酸疼，到最后还是没有装好。

班长实在看不下去了，亲自上去给王月鹏做示范。"月鹏，你这个绳扣系得不对，应该是这样。"然后班长有条不紊地装好仪器，三分钟就搞定了，那叫一个干净利落。在班长的身上，王月鹏看到了当年在技校时比赛的那些老师傅的影子。后来在施工过程中，班长总会到王月鹏的作业地点进行指导，"月鹏，怎么样？有什么问题吗？""月鹏，这个绳子别系身上，要拴在横担上。""干活的时候一定注意安全啊，干不了别蛮干。"就这样，王月鹏在班长的帮助下一点一点克服着自己的不足，慢慢寻找各种作业的方法和技巧。

王月鹏在工作中，面对老师傅，面对比自己强的人，都虚心请教，埋头苦练。要做就做到最好，也是他奋斗的目标。

其实我们每个人都有做成、做好一件事的实力，前提是我们自己要勤奋，勤于请教、勤于思考、勤于实践。只有这样，我们才能变成更好的自己。

二、热心的师傅们

王月鹏至今仍然记得入职那天的情景，那是1998年6月，太阳把大地晒得滚烫。王月鹏背着行囊，穿着一件白色短袖来到了北京密云供电公司。

班长带着王月鹏去往班组的路上，不知道哪个房间传来非常嘈杂的声音，大吵大叫，像是在打架。正当王月鹏疑惑不解的时候，班长已经把他带到了门前。班长热情地和里面的老师傅们打招呼，说他带来了个新人。王月鹏看到这些老师傅，心里非常忐忑。他们有的在下象棋，有的在吸着烟，一时间所有人都把目光投向王月鹏。王月鹏感觉时间瞬间静止了，紧张得脑门开始冒汗，他的目光开始躲闪，手脚也不知道该放到哪里才合适。

王月鹏刚一走到座位上，师傅们就迫不及待问道："嘿！小子！哪儿毕业的？家是哪儿的？"每个人都十分严肃地看着王月鹏，等待着他的回答。王月鹏回答说："我是北京供电技工学校毕业的，家在密云县的一个村子里……"师傅们问一句，王月鹏回答一句，也不敢多说话。看着王月鹏拘谨的样子，师傅们嘿嘿地笑了。

初来乍到，师傅们的表现让王月鹏有些懵，他感觉师傅们都很霸气，甚至有点儿"凶神恶煞"，但是又莫名其妙地觉得每个师傅还都挺亲切的。后来慢慢熟悉了这里的环境，王月鹏才知道自己对师傅们的认识还远远不够。

有一次，王月鹏挨着旁边的师傅坐下，师傅就带着坏坏的表情给王月鹏讲了一个故事，"小伙子，你知道吗，在你之前来过一个大学生。第一次和我们出去干活，每个人都要搬运大小不一的木头。当工程车到现场后，师傅们争先恐后地下车。这个大学生当时觉得各位师傅可真是太值得尊敬了，为了工作竟然这么积极，他被挤到最后一个下车。结果准备搬运木头上山时他才惊奇地发现，留给他的是一根最长最粗最重的木头……"当师傅讲完这个故事，王月鹏不知道该怎么接话，只是觉得师傅们怎么能这样呢，一点也不关爱后辈。王月鹏偷偷在心里做好了和师傅们斗智斗勇的准备。可没想到真正在一起工作了以后，他才发现师傅们原来是"刀子嘴，豆腐心"。

王月鹏第一次和师傅们出去干活，他就发现凡是很急的活儿或者比较危险的活儿，师傅们都争先恐后地去干。有时候王月鹏想插手干一些，师傅们完全不给机会，还对王月鹏说："你刚来，多看多学对你来说比较重要。"他们对自己这个新来的小徒弟的照顾大大出乎王月鹏的意料，他们只是想让王月鹏循序渐进地学习、成长，慢慢地适应。看着师傅们来来去去的身影，王月鹏的心里突然涌上一股暖流。

师傅们做到了真正宽以待人，严以待"工"。

平时嘻嘻哈哈不拘小节的师傅们，每当拿起手中的工具，立刻变得严肃且认真。可能每个线路检修的工人，都明白这份工作的不易，一个小失误，都有可能造成严重的后果。王月鹏时常观察师傅们的工作状态，每个细微的动作都做得十分认真，哪怕是往身上绑安全带这种小动作也一样。王月鹏观察得十分仔细，师傅们的目光中透出的执着与认真，让他记忆深刻。

李连革师傅，说话耿直，表情严肃，没怎么上过学，甚至连自己的名字都不会写，可干活是一把好手。他平时少言寡语，对王月鹏也是"呼来喝去"，可一起干起活来，他的话就多了，这个应该这么做，那个应该那么做，恨不得手把手地教王月鹏。

齐春龙师傅，高高的个子，年龄和其他师傅相比算是年轻的，但在干活时绝对是一个主力。在一次架空线路敷设施工中，王月鹏需要使用紧线器把导线拉紧。但王月鹏没有把线头的绳扣系牢，造成了跑线，那根导线狠狠地抽在了齐师傅的后背上，这是很危险的，弄不好就会伤人。

当时齐师傅表情十分痛苦，问了一句："谁拴的绳扣？"王月鹏说是自己，刚要破口大骂的齐师傅硬是憋了回去，只是无可奈何地对王月鹏说："绳扣一定要系好了，不然很危险的。"然后咧了一下嘴，就去忙自己的事了。

金河一去路千千，欲到天边更有天。

王月鹏在技校虽然学到很多知识，但当看到师傅们的本事之后，他发现自己真的是太稚嫩了，还有太多东西需要学习。

没过多久，王月鹏就参与了一项重大的线路改造任务，王月鹏也在实战中得到锻炼，慢慢成长，再加上师傅们的关心与照顾，王月鹏有了较为迅速的进步。

刚开始干活的时候王月鹏没有力气，新换的绝缘导线截面很大，非常沉，需要肩扛才能放到指定位置。王月鹏真是使出了吃奶的劲儿，把肩膀都扛肿了，才勉强把一根基电杆的安装工作完成，可后面还有六七根基电杆。正当他一筹莫展的时候，远远地看到师傅们已经完成了手里工作向他走过来。看到他在这儿费劲巴力地干活，师傅们一边笑一边说："小子，你这年纪轻轻的，身板也不行啊，还不如我们这些老家伙呢。"话音未落，已经轻而易举地搬起杆子，帮他把剩下的工作完成了。

虽然王月鹏十分感谢师傅们能这样帮助自己，但是内心却很羞愧，感觉自己还是给师傅们添了很多麻烦。他心想：必须加把劲儿，多学多练，快速提高自己。

师傅们对待工作几乎已达到了"苛刻"的地步，平时不管怎么护着王月鹏，但在工作上面真是没有商量的余地，必须高标准严要求，不能是"差不多"，眼里揉不得半粒沙子。师傅们的所有要求，在王月鹏看来，都是为了帮助他快快进步。也正是因为有了这些热心的师傅们的帮助，王月鹏的进步很快。他们同时也给王月鹏树立了很好的榜样，自己以后做别人的师傅时，也应该像这些师傅一样，在生活中护着自己的徒弟，但是在工作时，不允许有半点儿马虎。

三、结缘带电作业

就在王月鹏刚开始参加工作时，电力领域中一个专业正在悄然兴起，它的专业术语是"10千伏配电线路带电作业"，是一个高危、小众但发展潜力巨大的专业。

王月鹏后来之所以能在他所从事的带电作业这个工作领域取得快速地成长，除了自己的努力之外，还有另一个很重要的原因，就是他的师傅——彭新立。

彭新立出生于1974年，仅比王月鹏大五岁，是当时带电作业领域少有的人才之一。第一次看见彭师傅在十几米高的电杆上，用各种王月鹏不认识的工具，在带着电的10千伏高压线上熟练操作时，王月鹏的心中激起了久久不能平静的浪花。他的眼神中透露出复杂的情绪，既觉得很神奇，又觉得很危险、很刺激，那种向往之情已经盈满心头。

工作结束以后，彭师傅从王月鹏眼中看出了他的好奇，开玩笑似的问了一句："感兴趣吗？敢不敢尝试？"王月鹏当时很认真地回答："真的吗？师傅，我能学吗？我真的非常想学。"彭师傅看到王月鹏非常认真地回答，就把王月鹏带到了办公室，"月鹏，你坐下，这件事我得跟你好好聊聊！"彭师傅给王月鹏讲了这个专业存在的意义和发展的方向，着重详细地给王月鹏讲了这项工作的危险性，因为是10千伏高压带电作业，危险系数是大大高于其他专业的，"月鹏，关于这件事，你要好好考虑一下，这关系着你未来从业的方向。你也回去和父母商量一下。"

王月鹏最终还是瞒着父母选择了这个专业，他并没有告知他们实情，怕他们知道后担心。后来有一次放假回家，同事一不小心说漏了嘴。知道儿子是在做这么危险的工作，王月鹏的母亲默默地流下了眼泪。王月鹏安慰母亲说："妈，我喜欢做有挑战的事情，您要相信您的儿子！"晚上，王月鹏和父母躺在炕上，又聊了很多，他觉得每个专业都有存在的意义，再危险的工作也得有人去做，这样的工作，需要胆大心细的人去做，年轻人就应该敢于挑战、有闯劲儿。就这样，师傅彭新立带着王月鹏走上了这个最具挑战性的专业，而且一干就是二十多年。

目前，全国有一万多人在从事带电作业这个行业，所有的带电作业人员都必须是优中选优的，要有丰富的线路检修经验、有高水平的技术技能，还要心理素质好。带电作业的过程其实考验的是一个人的综合素质，因为作业环境艰苦、作业工况复杂、作业风险高。配网相地及相间距离小、设备间距狭窄、作业空间有限，作业安全风险始终存在，哪怕有一个细节没有准确操作，都可能引发作业人员人身安全事故、作业装备安全事故和电网停电事故。尽管如此，王月鹏也丝毫不畏惧，只要可以保证老百姓的可持续供电，少停电乃至不停电，就是他最大的前行动力。

在日常生活中，我们经常会提到"高压"和"低压"两个词，那么高压和低压怎么区分呢？其实是以1千伏为界限的，低于1千伏就是低压，高于或者等于1千伏就是高压。而王月鹏工作的电压等级是10千伏，是家庭生活用电220伏电压的50倍。只有36伏以下的电压对人体来说才是安全电压。可以想象，带电作业稍有不慎，就会威胁到生命安全。

因此，很多人也称王月鹏这类带电作业人是"工作在死神身边的人"，每次的带电作业都是在"探险"，都是在"刀尖上起舞"，都是在"和死神打交道"。但在王月鹏的心里，他更觉得自己是一名"电力手术师"，电力设备就是他的病人，手中的工具就是他的手术刀，缺陷和隐患就是病灶，利用精湛的技术、娴熟的操作，准确地切除"病灶"，恢复线路和设备的健康，提升供电可靠性，就是他的职责。

20世纪80年代，电是不够用的，尤其在农村，经常出现拉闸限电、没有通知直接停电的状况，所以每户人家都要常备蜡烛和火柴。一到天黑，就要点蜡烛。

现如今，人们的生活已经无法离开电了，饮食起居几乎样样都需要电。电视、电脑、互联网、手机，医院更是如此，很多病人等着做手术，做各种检查，如果断电一分钟，后果不可想象。

北京地区为了改善人们的生活环境，进行了"煤改电工程"，这一举措让国家电网北京市电力公司成为北京市第二大供暖公司。在冰天雪地的冬天，任何的停电都可能造成居民停暖、停水，后果不堪设想。所以，就需要不断提升线路和设备的健康水平，进行大规模的升级改造，投入更多的人力、物力开展巡视工作，充分利用状态检测、无人机等先进的自动化手段，全天候24小时开展工作。王月鹏一直保持着"时刻准备着"的状态，不管哪里出现问题，他都会义无反顾地去解决，保障百姓的正常用电。

如果遇到雷电、暴雨、大雪、大雾等天气，是不能进行带电作业的。这是因为当空气湿度大于80%时，就会降低绝缘工具的绝缘强度，从而发生闪络现象，大大增加了作业的危险性。所以，只有在晴朗无风的天气才最适合带电工作。

春秋两季还好，温度适中，一到夏天，尤其伏天的时候，对于穿着绝缘服的带电作业工人来说，真的是一种巨大的考验。当大家在房间里吹着空调刷着手机的时候，王月鹏也许正带领着带电作业的工人在现场冒着高温工作。平时的计划性工作，时间都比较固定，早上五点多钟就开始了，可以避开高温，但临时性的抢修任务就没有时间可选了。

到了现场之后，有时会碰到百姓焦急地询问，大家都在关心什么时候能来电。已经做好了准备工作的王月鹏，在检查所有工具后，立刻穿上厚厚的绝缘服，冒着40多度的高温开始抢修。经常这样一干就是一两个小时。最热的时候，绝缘服和绝缘手套内的温度能达到50度。有人曾经测算过，在开展带电作业前，贴身棉质工作服的重量为390克，工作完成后，汗水浸透了工作服，重量变为735克，相差345克。

由于在工作过程中要戴防护眼镜和厚厚的绝缘手套，当汗水流进眼睛的时候没有办法擦拭，这也让王月鹏练就了一双"火眼金睛"。汗水流进眼睛，只要眨眨眼就抗过去了，手上的作业不停、每个动作不变形，即使戴着厚厚的绝缘手套，也能准确地把8毫米的螺丝拧到位。

哪有什么岁月静好，只不过有人替我们负重前行。

王月鹏就是那些负重前行的人之一，他们是替无数百姓负重前行，他们身上背负的是生命之重，是责任之重。王月鹏的每次"探险"都是有意义的，在他穿上绝缘服的那一刻，他的"探险"之路就开始了，他在"探险"中找到了属于自己的乐趣，找到了实现生命价值的重要渠道，也找到了生命中弥足珍贵的东西，那就是不停地发光、发热，为这个世界贡献自己的力量。

在失败中成长

一、第一次和师傅PK

2002年，因为工作需要，王月鹏从密云供电公司调到了昌平供电公司，依旧是从事配电线路带电作业工作，新的环境面临新的挑战。他的师傅彭新立于这一年的11月底，在团中央和国家电力公司共同举办的全国电力系统配电线路带电作业青年创新创效大赛中，获得个人比赛第一名。当王月鹏得知这个消息后，对师傅的敬佩之意愈加浓厚，他心里想："师傅就是我前行的灯塔，是我努力和前进的方向。"

同年，国家电网北京分公司组织了一次技术大比武，各区县要从各自的单位中选出一个实力较强的人代表本公司出战。王月鹏代表昌平供电公司，他的师傅代表密云供电公司。

到了比赛现场，王月鹏才知道，师傅是刚刚在上海参加完全国带电作业比赛，就直接来参加这次技术大比武了。对于王月鹏来说，这次比武压力很大，因为师傅在他的心中一直都是神一样的存在。于是在比赛之前，王月鹏努力调整自己的心态：一定要认真观看师傅的每个比赛项目，多学习，尽力发挥自己的技能水平，找出自己和师傅之间的差距，哪怕能再从师傅的身上学到一点东西也心满意足了。

比赛中有一个项目是更换安装抱担。仅抱担的重量就有二三十公斤，参赛者要将紧线器固定在抱担的合适位置，收紧紧线器，再将导线和绝缘子组件安装在上面，还要调整弓子线，等等，才算完成比赛。师傅在没有接受系统训练的情况下，仅用时七分钟就安装完毕，是所有参赛选手中速度最快的。

在此之前，王月鹏一直都在师傅的带领下提高自己，现在却要和师傅同台竞技，难免会紧张和担心。虽然在赛前训练阶段，他已经有针对性地练习了比赛项目，但最终还是没能取得好的名次。师傅彭新立则凭借自己精湛的技艺和丰富的经验，取得了第一名。

纪伯伦说："一个羞赧的失败比一个骄傲的成功还要高贵。"一次失败并不可怕，能从失败中汲取成功的因子，让每次的失败变为成功路上的铺路石，这才是最重要的。王月鹏也清楚地意识到这一点，回去以后，他静下心来，回顾了比赛的全过程，发现自己存在基础不扎实、准备不充分、心理素质差等方面的不足。所以，在后来的工作中，王月鹏更加注重平时的积累和总结，不断地提升自己的专业技能水平。

⊙ 王月鹏现场工作照片

二、技术大比拼：稳夺冠军

2005年，北京市电力公司组织了专业技能比赛。主要目的是通过技术大比拼的形式，提高电力工人的理论和实践技能，同时也可以挖掘出更多优秀的专业人才。

就在赛前一周，王月鹏全力备战比赛的时候，他又接到了一个好消息——要去参加入党积极分子培训班，这让王月鹏陷入两难的境地，该怎么办呢？一面是需要全力备战的比赛，一面是他期盼已久的进一步加深对党的认识和了解的机会。经过反复的思考，王月鹏决定双管齐下，两个都要上，理论知识和实践能力是相辅相成的，一个也不能放松。

王月鹏作为培训班的组长，白天的时候带领大家上课学习，晚自习带领大家讨论总结。每当清晨的第一缕阳光刚刚照进寝室，王月鹏就已经从床上悄悄地爬起来，到了训练场，穿上脚扣，爬上电线杆，练习装拆横担。

横担是杆塔结构中最重要的一部分。横担一般要安在距离杆顶30厘米处，它的作用很大，可以用来安装绝缘子，支撑导线、避雷线等。可以说电线杆上的每个器具都应该有其精准的位置和作用。

到了午休的时间，别人都在睡觉，王月鹏又跑到训练场去反复练习每个动作，练到手掌起泡，胳膊青一块儿紫一块儿的，那也要坚持到底。30多公斤的抱担在12米高的电线杆上拆装十几次，有时实在没力气了，他就在地面练习拆装。

培训中心的老师看到王月鹏每天都坚持训练，专门到训练场反复叮嘱王月鹏，要注意安全，并告诉王月鹏："台上一分钟，台下十年功。"听了这句话的王月鹏，知道老师是在给他讲一个道理：只有付出才能得到回报。

每天晚自习后，王月鹏会拿着笔和书，一个人在寂静的夜里，借着台灯的灯光，复习党课上学过的理论知识，有时候一学就学到两三点，也不觉疲倦。他经常会想到党课老师在课堂上讲的共产党人陈望道的故事，陈望道在翻译《共产党宣言》时，因为太过投入，竟把母亲送来的粽子蘸着墨水吃了，并说了那句非常有名的话，"真理的味道非常甜"。王月鹏想到这些，就更加投入地学习了。

通过在入党积极分子培训班的学习，王月鹏对党有了更加深刻的认识，同时也更加深刻地认识到作为一名党员要承担的责任和使命——吃苦在前、享受在后，有责任、有担当。这让他对自己的人生有了更高的目标和追求——向党员看齐、向党组织靠拢。而他将自己在这个培训班的理论学习和自己的赛前训练相结合，更是说明了，做事情就是要努力、肯付出，不要以没时间、没精力为借口，时间挤一挤还是有的，要敢于挑战自己的极限，畏惧太多是毫无意义的，既然选择了远方，就应该义无反顾地风雨兼程。

最终，功夫不负有心人。在入党积极分子培训班，王月鹏以优异的成绩结业，而在随后的技能比武中，他又以两个单项第一和总分第一的成绩夺得冠军。

但是在王月鹏的心里还有一个小小的遗憾，那就是师傅并没有参加这次比赛。而幸运的是，在技能比赛的获奖者接受表彰时，一同被表彰的依旧有王月鹏的师傅——彭新立，他被评为北京市劳动模范。

王月鹏觉得不论自己获得了怎样的荣誉，师傅在他心里的地位都是无法撼动的，师傅依旧是神一样的存在，是他一直追逐的目标。师傅是他的指路明灯，得知师傅被评为北京市劳动模范的那一刻，王月鹏发自内心地替师傅高兴，并且由衷地敬佩师傅。

2002年，师傅彭新立获得了全国带电作业比赛第一名时，王月鹏作为观众见证了师傅接受表彰的那一刻，遗憾的是自己当时没有机会走上领奖台。而此刻，师傅在台上接受表彰和颁发证书，王月鹏依然在现场见证了这一激动的时刻，而且这一次他不单单是观众了，他还以此次比赛第一名的身份，与站在领奖台上的师傅分享了感受。

一日为师，终身为父。也正是因为师傅毫无保留地将自己的所学传授于王月鹏，他才有了今天的成绩。见证师傅获得荣誉的那一刻，王月鹏就下定决心，要追随着师傅的脚步，在一线、在专业上静心钻研、踏实肯干，练就一身实实在在的"硬功夫"，为专业的发展贡献自己的力量。

对于一个平凡的人、一个热爱劳动的人来说，永远保持一颗谦卑之心是十分必要的。敬重万事万物，才会不断获得新的认识，才可以突破自身的局限。

三、全国电力行业技术能手

2006年10月，在吉林省吉林市东北电网有限公司丰满培训中

⊙ 王月鹏现场工作照片

心举行了为期五天的由中国电力企业联合会、中国就业培训技术指导中心与中国能源化学工会全国委员会联合主办的全国电力行业电气试验工及配电线路工技能竞赛。

这次技能大赛共有国家电网公司、中国南方电网有限责任公司、五大发电集团公司和不同投资主体的41家电力企业的77支代表队参加，参赛选手达231人。比赛分理论考试和技能操作两部分。获得各竞赛工种第一名的选手，若是符合条件，将择优向中华全国总工会申报五一劳动奖章；获得各竞赛工种前三名的选手将被劳动和社会保障部授予"全国技术能手"称号；获得各竞赛工种前20名的选手，将被中国电力企业联合会、中国能源化学工会全国委员会授予"全国电力行业技术能手"称号。

比赛共设三个项目。其中团体项目一项，为变压器台架组装；个人项目两项，为更换边相针式绝缘子和拉线制作。

变压器台架组装看起来是一个十分简单的项目，但其实是相当有难度的。它包括变压器的安装、跌落式熔断器及熔断开关的安装和避雷器及引下线的安装。一般是使用双柱杆上式，分为主杆和副杆。每个部件安装的位置都有明确的距离要求，比如熔断器水平相隔间距不能小于50厘米，1~10千伏避雷器相隔距离不能小于35厘米。这对团体协作能力和个人的基本专业能力都是一种非常严格的考查。

更换边相针式绝缘子相对于变压器台架组装难度小一些。交流电力线路一般是三相导线，大多呈水平排列，中间的称为中相，两边的称为边相。而针式绝缘子一般是用水泥胶合剂胶在一起，瓷件的表面涂有一层釉，用来提高它的绝缘性能。更换时需使用接地线、绝缘手套、验电器、脚扣等工具，到杆顶拆除旧的针式绝缘子，然后用传递绳将新的绝缘子传至杆顶作业处，这样才算完成项目。

拉线制作过程也很复杂，由拉线抱箍、楔形线夹、钢绞线、UT线夹、拉线棒、拉盘U形螺栓、拉盘组成。拉线的目的主要用来提高杆塔的强度，承担外部荷载对杆塔的作用力，还可以确保不发生杆塔倾斜和倒塌的情况。

所有报名参赛人员在前期都要封闭集训三个月，王月鹏从八十多人的大名单中，经过层层选拔，最终作为正式参赛选手。在集训期间，王月鹏是和冀北队在一起训练的，训练的各个环节都有严格的要求，每天的时间安排得满满当当。

理论复习范围为配电线路工技能鉴定题库及相关知识点，实操训练项目是针对比赛项目开展特训。有专业的教练团队，从理论到实操进行专业指导，还聘请了其他省公司的特约教练进行不定期的考核。

每天长达十四个小时的学习与训练，强度已经近乎"地狱模式"了。再加上10月下旬的东北，气温骤降，早晨和晚上特别冷。但王月鹏没有被这些影响到，他始终想着自己的目标和所肩负的责任。在那里，他看到了行业内的很多高手，他们基础扎实、大赛经验丰富、训练系统，与他们相比，王月鹏觉得自己就像是什么都不太懂的学生，但王月鹏也相信，只要自己足够拼，付出的比他们更多，就能缩短与他们的距离。

玉在椟中求善价，钗于奁内待时飞。

王月鹏深深地明白，这次机会对自己来说十分难得，天气虽然寒冷，但他为了能够达到更好的训练效果，脱掉秋衣秋裤，坚持穿着比较单薄的衣服进行训练。这样不会影响动作的施展，能更为精准地完成每个项目。每一个动作，王月鹏都要做很多遍，几乎所有细节他都已经记在了脑子里，也常常会累得满头大汗。但在王月鹏眼里，这都不算什么，对于带电作业人来讲，为了追求绝对的完美动作，流再多的汗水也值得。

友谊第一、比赛第二的原则还是没有变。在赛场上是对手，但在场下可以做朋友，参赛人员经常会在休息时间，一起在训练场地散步，大家一起聊聊关于训练项目的事，或者说些自己的感受。遍地是金黄的落叶，头顶是湛蓝的天空，不远处还会传来松花江淙淙的流水声，这些都带给大家比较惬意的休息时光。

王月鹏的室友是他的技校同学，两个人有时还会回忆起技校的那段时光，房间里不时传出两人的笑声。寝室的环境也还不错，每个房间都有电视机，但在集训的三个月里，谁都没有打开过。大家都在互相比较中发现了自身的不足，谁都不甘心这种不足，都在暗自使劲儿、下功夫，生怕被落下。

刚开始时，大家都是夜里十二点多睡觉，慢慢地越来越晚，有时甚至到了凌晨两三点，依然在各自刷题复习，都抱着"你晚睡我比你还晚睡"的不服输的心思。在这里，有着良好的"比、学、赶、帮、超"的学习氛围，无论是好的想法还是操作经验都及时分享，作为一个团队，合作精神最为重要。在每天晚自习之后，大家第一时间聚在一起，对这一天的实操训练进行复盘，逐个环节、逐个动作地去总结、梳理，相互之间提不足、找差距，不断优化作业环节及方法。

最终，北京市电力公司在全国配电线路工技能竞赛中取得团体三等奖，王月鹏荣获"全国电力行业技术能手"称号。

⊙ 王月鹏现场工作照片

 第四章　结缘奥运，尽心竭力

忙碌的身影

穿梭在时光之中

辛勤的汗水

灌溉着精神沃土

让劳动之花

绽放在奥运会上

也绽放在

生命的耀眼处

抢修保电线路

当2001年7月13日国际奥委会主席萨马兰奇宣布第29届夏季奥运会举办城市为北京时，全国人民都沸腾了，人们挥舞着国旗，在天安门广场欢呼着。王月鹏在单位和同事们一起听到这个好消息时，高兴得跳了起来，眼睛里噙满了激动的泪水，那一刻，王月鹏感受到了祖国的强大，内心充满了骄傲和自豪。

2008年8月8日20时整，北京奥运会开幕式在鸟巢盛大举行。北京一共有31个比赛场地，其中城区公路自行车赛场路线要经过8个区县：崇文、宣武、东城、西城、朝阳、海淀、昌平、延庆。一路风光旖旎，能让参赛者一边比赛一边欣赏北京的标志性景点。其中昌平正是王月鹏单位的所在地，这也就要求昌平供电公司必须保证辖区的比赛线路供电正常。

一天上午，王月鹏忙完工作，准备去食堂吃饭，电话突然响了。调度通知：位于响潭路115号线路杆需要带电更换保险器。

响潭路地处响潭水库下游，响潭之水流经响潭村，周围崇山峻岭，景色美不胜收，附近有"燕平八景"之一"虎峪辉金"。据《昌平州志·地理志·八景》中记载："虎峪辉金：州西十数里为虎峪，下有土冈，名小金山，在西山口之内。其山冈不甚大，日午，人过山下，衣面映如黄金色。亦系禁山，设有官军防守。"

响潭路距离昌平供电公司大约15公里。王月鹏需要开车经京藏高速，由G6辅路驶入新兴路，再由南响路左拐才能到达。

因为响潭路是奥运会居庸关公路比赛保电线路，王月鹏深知这条路对北京奥运会比赛的重要性。王月鹏简单回复："好的，我马上过去！"便立即停下了去食堂的脚步，跑步前进，拿起带电作业的相关器材，赶紧奔赴现场，15公里的路程他只用了不到二十分钟就赶到了。

当时的气温高达30多摄氏度，在太阳底下，即使穿着短袖什么都不干，待一两分钟，也会浑身冒汗。

到达现场之后，王月鹏作为第一批电工，做好准备工作后率先登车。因为天气炎热，温度过高，保险器因超负荷运转造成损坏而停运，不但导致响水村的数十户村民家里断电、断水，而且这将会影响奥运会赛事的正常进行，停电以后，将无法保障对赛事路线的情况进行实时报道，还可能会造成一些无法预料的问题。所以，及时更换保险器，解决停电问题是非常必要的。

此时，电线杆周围已经聚集了很多村民，大家都抬头看着王月鹏。王月鹏也看出了村民的心思，大声对底下的村民说："没事，小问题，马上就来电了，放心吧！"村民听王月鹏这样说，心里的石头都落了地。

王月鹏穿着绝缘服在高空中有条不紊地操作着，系好传递

⊙ 王月鹏现场工作照片

绳，绑好安全带，戴着厚厚的绝缘手套拧下保险器的螺丝，一套操作行云流水。底下的村民看着王月鹏的操作好像十分轻松，但其实王月鹏的身体正在经受着烤炉一般的体验，全身上下，没有一处不在流汗，汗珠流进眼睛里，也不敢用手擦一下，只能挤一挤眼睛，不管有多难受，他的动作都照常平稳地进行。不一会儿，王月鹏就更换好了保险器。

从绝缘斗臂车上下来时，王月鹏的绝缘服里已经积了很多汗水，当脱下绝缘服的那一刻，倒出来的水足可以装满一个矿泉水瓶。王月鹏对围观的村民说："没事了，可以正常用电了！"大家纷纷向这些辛苦的带电作业工人表示感谢，接着都各自回家了。

王月鹏望着村民回家的背影，长舒了一口气。想道：这下不会影响奥运会的比赛了。

这是王月鹏第一次和奥运结缘。这一次，他是保障奥运会顺利举行的默默无闻的奉献者。

光荣的传递者

当王月鹏得知自己被公司推荐为2022年北京冬奥会火炬手时，他正在家休息。儿子听爸爸说了这个好消息，高兴地从床上蹦了起来，欢呼着："爸爸要做火炬手喽！爸爸要做火炬手喽！！"随后又问："那我是不是又能在电视上看到你啦？"王月鹏抱起儿子，兴奋地说："是的！"

但是王月鹏心里清楚，接下来还有信息填报、审批等程序，整个过程要历时五个月，然后才能知道结果。每步都是要经过严格筛选的，所以并不保证自己一定能入选，就没敢告诉别人，怕他们空欢喜一场。在这期间，公司相关部门给予了王月鹏莫大的支持与帮助。王月鹏回忆：那种心情真的是既忐忑又期待，等拿到火炬手确认函和证书的那一刻，真的是激动得心都在颤抖，满满的期待。

整个冬奥会的火炬传递从2月2日开始，至2月3日结束，共进行两天，为了更好地展现我国的人文景观、自然风貌和城市发展，在北京、延庆、张家口分设了11个点位。2日这天是在北京奥林匹克森林公园、北京冬奥公园进行传递，而王月鹏正是被安排在奥林匹克森林公园这个点位。

2月1日上午，王月鹏前往北京会议中心报到，当拿到火炬手证书和相关证件时，他感觉自己的心里好像有好几只小鹿在碰撞。接着，又收到了工作人员发放的手提袋，打开一看，里面是全套的火炬手服装：衣服、帽子、手套、鞋。

2月2日早晨，天刚蒙蒙亮，就有人通知火炬手们，一个小时之后到楼下集合。其实在通知之前，王月鹏就已经醒了，他反复在脑海里面回忆传递火炬的流程，生怕哪个环节出问题，紧张的同时，内心又很兴奋，恨不得马上就开始。

⊙ 2022 年 2 月，王月鹏参加北京冬奥会火炬接力

　　大家乘坐之前分配好的车辆，前往奥林匹克森林公园北园，鸟巢距离北园只有五公里。到达集中点位后，终于可以领取火炬了。当王月鹏接过火炬盒时，手不受控制地抖动，他目光虔诚，眼里只有火炬，心里也只有火炬。王月鹏转念想到带电作业时的自己，不论酷暑还是寒冬，作业的时候手部动作都可以保持不变形，这次也一定能做到。他拿出带电作业的状态，手还真的不抖了。但是往回走的时候，抱得火炬盒那叫一个紧，走得那叫一个慢，生怕不小心掉了、摔了。回到车上，他戴上手套，打开盒子看到火炬的那一瞬间，原本安静的车厢沸腾了，所有人都不自觉地发出赞叹，太漂亮、太有质感、太神圣、太完美了！短暂的适应之后，火炬手被逐一送到准备接力的出发点位，等待着火炬一棒一棒地传递过来。

　　王月鹏是91号火炬手，随着对讲机中传来的"88号火炬手开始传递，89号火炬手做准备"，王月鹏知道火炬离他越来越近了，"一会儿应该先是工作人员打开我的火炬的阀门，然后我再到路中央……"一步一步，心里想得很完整。可看到90号火炬手向他跑来的时候，心里面就只剩下"阀门"两个字了，他的第一反应就是，怎么没人给我打开火炬的阀门呀？会不会把我给忘了！就在这时，一名工作人员在90号火炬手距王月鹏还有5米的时候打开了他的火炬阀门，王月鹏走到路中央，举起手里的火炬，与90号火炬手的火炬亲密对接，只听砰的一声，火炬点燃成功。王月鹏举着熊熊燃烧的火炬，和90号火炬手挥手告别，开启了他的传递。前面是摄像车，周围四名陪跑人员，后面跟着的是警车、救护车、消防车、中巴车、电车，一路雄赳赳、气昂昂，周围的群众都在挥舞着小国旗。这一百米的距离，可能是因为太紧张了，转眼之间就跑完了，他唯一记得的就是要放松表情，要挥手致意，剩下的都不记得了。与92号火炬手交接完成后，引导员将王月鹏引到路边，工作人员关上火炬阀门，气体检测仪检测没有问题后，火炬传递任务就算完成了。

保障车辆拉着火炬手们回到刚刚领取火炬的集结点，第一件事就是拆除点火装置，一个是为了安全，另一个就是这个点火装置还要二次利用。看着工作人员一点一点拆除，王月鹏的心情也是五味杂陈的，又不舍又兴奋又激动，不舍是因为拆除点火装置后，就意味着这枚火炬真正地完成了它的使命，兴奋激动是因为点火装置拆完以后，这枚火炬就彻彻底底地可以归王月鹏所有，留作纪念了。

从奥林匹克森林公园回来以后，王月鹏总会把火炬拿到国家体育场公共区，很多工作人员和志愿者都是以小心和试探的口吻询问王月鹏："您好，我能和火炬合影留念吗？"王月鹏大方答应，因为他觉得冬奥会就是全民运动会，火炬虽然不能让每个人都传递，但他相信每个人的心中都在传递，他把火炬带到公共区，就是让大家有机会与真实的火炬拍照，让更多的人能够近距离感受它。

在王月鹏担任冬奥火炬手之前，还接到了公司工会的另一个通知，推荐他参加冬奥会开幕式的一个重要环节，具体内容保密，时间及安排等候通知。

而这一等就是一个多月。2021年11月20日，王月鹏接到冬奥会开幕式工作部的电话。当时王月鹏正忙于工作，突然接到通知的他，最开始不敢相信这是真的，在反复确认后，才敢相信是真的接到了正式的通知，他可以参加开幕式的一个重要环节——国旗传递，而且通知他的工作人员一再强调，不是作为观众观看，而是作为参与者参加其中。

直到2022年1月3日晚11时，群内突然发布公告，内容是通知具体参演时间及相关事宜。1月8日为北京代表第一次彩排，后续是河北及全国代表陆续参加彩排，一直到2月4日正式开幕，其间大大小小的彩排十余次，其中包含五次全要素彩排。

在冬奥会彩排期间，正好赶上国家电网公司职代会，分会场设在石家庄，由于涉及火炬手和开幕式两个环节的防疫要求，能否出京，能否让两项活动不相互冲突和影响，这是最需要王月鹏协调解决的。最终王月鹏向两个团队联络员进行了汇报，审批后获得了出京许可。14日傍晚回京后，他从公司总部直接赶往鸟巢进行彩排，回到家已经是凌晨，王月鹏感觉这又是非常充实的一天。

在参加开幕式提前演练时，王月鹏才得知，参加国旗传递的人员，共有176名，都是来自各行各业的代表，其中有20人同时担任着火炬手，北京市共涉及8人，每个人火炬传递的时间及地点都是分散的，所以火炬传递与彩排时间可能发生冲突。2月2日晚上有一次极其重要的全要素彩排，导演组在得知这一情况后，反复告知大家可能只能参加国旗传递任务，火炬传递任务如果与开幕式表演严重冲突，就要做出牺牲。得到此消息后大家都很紧张，与开幕式工作部及导演组积极沟通，同时开幕式工作部及导演组也没有放弃努力，最终在1月底得到最终通知，在多方协调努力下，把涉及开幕式演出的火炬手统一调整到2月2日上午在奥林匹克森林公园进行火炬传递，任务完成后及时返回彩排现场，继续完成晚上的彩排工作。

国旗传递环节其实早在2021年10月份就已经确定并开始演练了，其间都是由志愿者代替相关人员进行排练。这个时候的王月鹏正在河南郑州参加第八届中国带电作业技术会议。

当王月鹏确定自己参加的环节是国旗传递时，激动之情无以言表。但第一次走进鸟巢，参与这个环节时，王月鹏的心里还真是有点儿小小的失落，他觉得这么简单的事情，这么多人，这么简单的动作，这么短的时间，开场前练习几次不就可以了吗？哪有必要提前这么久进行排练。

这176名国旗传递者，实际上是全国14亿人民的代表，是向世界展示国人精神的窗口。当这个环节启动的时候，所有的机位和目光都将集中到国旗传递者的身上。在传递过程中要时刻保持国

⊙ 2021 年 10 月，王月鹏参加第八届中国带电作业技术会议

旗平整，要使所有观众看到的国旗像淙淙流水一样，在176人的手中流动，不能有任何卡顿，而且传递的时间节点要配合着音乐毫秒不差，同时每个人的表情、动作、姿态都要恰到好处，所有的这些都要在这短短的几分钟内体现和完成，这其实是很不容易做到的事。

当国旗传到王月鹏的手中时，歌词正好是"我最亲爱的祖国/我永远紧依着你的心窝/你用你那母亲的脉搏和我诉说"，那一刻，王月鹏将代表所有电力人在镜头前向全世界展示电力人的风采。这是多么荣耀的一件事啊！

在彩排时，导演一再强调要注意表情、状态、动作及传递速度……在正式演出时，当步入体育场那一刻，虽然穿得很单薄，但所有的国旗传递者都是热血沸腾、心潮澎湃的。大家昂首阔步进入指定位置，当看着国旗向自己缓缓传递过来时，内心无比期待，当国旗经过自己的手中时，心情更是万分激动，当国旗从自己手中传走，心中又有几分不舍。

国旗班护旗手接过国旗，整齐的步伐声在鸟巢体育场里铿锵有力，整个体育场沸腾了，"女士们，先生们，请起立！升中华人民共和国国旗，奏唱中华人民共和国国歌。"国歌前奏响起的那一瞬间，所有人的眼眶里都涌出了热泪，每个人都张开嘴大声歌唱，王月鹏看着冉冉升起的国旗，民族自豪感、职业成就感油然而生，他放声歌唱："起来，不愿做奴隶的人们……"

⊙ 2022 年 2 月，王月鹏参加 2022 年北京冬奥会开幕式

尽职的电力保障者

王月鹏在冬奥会上显示了自己的"超级技能"——分身术。他既要参加冬奥会开幕式演出，同时还要负责鸟巢电力保障工作。

为了保障冬奥会供电万无一失，有关部门启用了2.7万名电力工人来参与电力保障工作，王月鹏便是其中之一。彩排时，是需要演职人员随时待命的，因为人数庞大，各个环节也很复杂，所以当王月鹏在演员休息区等候时，他就会利用这个空隙，尽电力保障者的责任。

冬奥会开幕式全要素彩排一共进行了五次，王月鹏在每次彩排开始前，都会提前一个小时到达国家体育场电力保障前沿指挥部。因为到得比较早，并没有多少人在，他就一个人拿着记事本，一边查看设备运行参数、了解设备运行的状态，一边详细地记录下来。

王月鹏主要负责的是两台飞轮电源车。一旦奥运赛场内发生停电，电源车会在十秒之内快速启动并恢复供电，而且其中的电池系统会根据运行情况自我检测，续航时间很长，可以说功能非常强大，完全属于智能设备。它们的作用是给大雪花、冰立方、冰瀑运动员入场门等核心机械装置提供后备电源供应。

科技赋能奥运。王月鹏亲身经历了全球瞩目的冬奥盛会，匠心无私奉献，践行了不忘初心的光荣使命。后来，王月鹏在一场汇报大会上深情地讲道：

服务冬奥，我精益求精。冬奥会和冬残奥会四场开闭幕式，精彩和万无一失的标准，要求我们电力供应必须做到安全可靠。我们突破传统思维，吸收先进经验，创新制定了获得冬奥组委认定的电力设施建设标准，研发出耐极寒天气环境下的供电设备，以新系统、新技术、新装备为冬奥赋能赋智，创造了一个又一个"第一"和"之最"。我们首次采用数字化保障手段，对七类演出负荷特性和设备运行情况开展数据分析，全面采用数字化保障手段，通过冬奥配电采集系统、电力运行保障指挥平台、配网数字化监测平台、5G虚拟仪器智能监测服务平台、i国网办公系统等五大系统，实现设备全接入、数字全采集、场景全可视、信息全融合、业务全管控，精准掌握鸟巢所有用电设备情况，及时发现异常并采取针对性保障策略，实现重要供电保障模式转型，全面提升供电保障的质量和效率，确保演出期间地屏、灯光、音响等重要负荷，以及火炬、冰立方、五环等核心装置供电万无一失。

工会关爱，我倍感温暖。在服务冬奥期间，我还参与了全总"供电保障 建功冬奥"为主题的"十四五"引领性劳动竞赛，既交流提升了技能水平，也从中感受到工会组织家一般的温暖。中国能源化学地质工会、北京市总工会、国家电网工会专门下拨一百多万元的专项慰问经费,我们公司工会还制定了关心关爱冬奥职工三十条举措,提供"吃、穿、住、用、行、医"+心理等全方位保障,依托文化角、读书会、兴趣组、创客营特色活动,为我们打造了有温度、暖人心的保电家园。2月25日,陈刚书记亲临一线看望我们,我作为北京市电力公司国家体育场电力保障团队代表向陈刚书记做了视频汇报。陈刚书记评价我们说:"可以永远相信国家电网!"这让我们全体保障队员倍受鼓舞和鞭策。

(摘自2022年4月30日《工人日报》)

王月鹏两次结缘奥运,一次是在2008年夏奥会作为幕后人员,在乡间公路上处理电路故障;一次是2022年冬奥会,在鸟巢内外竭尽全力完成每项任务。不论身处何时何地,王月鹏都始终保持着踏实谦逊、一丝不苟的态度。纵观古今,凡是成就大事的人,都有这样的品质!

⊙ 2022 年 2 月，王月鹏在北京冬奥会国家体育场保电现场

⊙ 2022 年 2 月，王月鹏在北京冬奥会国家体育场保电现场

第五章 硕果累累，护电平安

成熟的果实

伴着绿荫

在大地上

散发着盎然生机

并为一些小草

遮风挡雨

守护

一星烛光

万家灯火

纵使

燃尽所有热量

也无怨无悔

荣誉，责任的代名词

一、最年轻的高级技师

自从2005年7月14日王月鹏成为一名光荣的共产党员以后，他就以优秀党员的标准要求自己。那一年，他二十六岁。不论做什么，他都冲在最前面；危险的、紧急的工作，他都是自告奋勇。从王月鹏的身上仿佛又看见当年那些对他呵护有加的师傅们的身影，这也是一种传承，一种奉献精神的传承。

在2009年一次执行任务的过程中，王月鹏发现每次带电作业时，高压引流线都会大幅摆动，这很容易发生危险，而且也耗费工作人员的体力，增加作业时间。

引流线主要是应用于更换或者检修设备。通过引流线可以构成稳定的电流回路与设备并联，使得更换设备的电荷完全移到引流线并联回路中。这样带电作业过程中，既不需要切除设备所带负荷，又能够保证电网系统供电的持续稳定。

在作业完成以后，王月鹏就开始暗自思忖："有没有什么办法可以防止引流线大幅摆动呢？"因为想得太入神，以至于其他人喊他他都没有听到。到了吃晚饭的时间，王月鹏一只手拿着馒头，另外一只手在桌子上画来画去的。突然，他好像想到了什么，立刻飞奔回办公室，拿起笔就在图纸上画了一个初步的引流线支架模型。

当他带着激动的心情去找人制作时，得到的反馈却是：绝缘板和固定支架的连接无法做出来。王月鹏听到这个消息，瞬间感觉有点儿崩溃，但是他从小就有的不服输的精神马上起了作用，他坚信一定有办法解决这个问题。他到市场上买了很多种强力胶，一个个去试，最后终于解决了支架连接的问题。

模型做出来以后，王月鹏带领班组人员一次次地尝试，每次都能发现不足，王月鹏心里想：它还能再完美点儿。于是又有了一次次的改进，最终研制出了"配电线路带电作业绝缘引流线支架"。这种支架从根本上简化了工作程序，节省了作业人员的体力消耗，同时也缩短了作业时间，最重要的是降低了危险系数。

这项成果在当年获得了国家专利。这一年，王月鹏也成为当时北京市电力公司最年轻的高级技师，并被国家电网公司聘为生产技能专家。至今，他已潜心钻研带电作业专业二十余年，参与过多项技术规程的编写，作为第二作者出版了《10kV配电线路带电作业实操技术》（kV即千伏），这些成果是对王月鹏多年艰苦奋斗的一个总结，同时也是带电作业领域无比珍贵的经验。

王月鹏将自己的青春奉献给了电力事业，他能成为最年轻的高级技师，不仅是因为他在无数个黑夜里苦学苦练，也是因为他有着一颗甘于奉献的心。他不满足于做好自己的本职工作，也不满足于既有的带电作业成果，一旦发现问题，他就要去解决，想为大家创造更为安全的带电作业环境。他洒下的所有汗水既浇灌出了丰硕的果实，也在彰显着他的奉献精神。

二、敢于创新，填补技术空白

在2015年年初的一天，北京城落满了雪，道路上已经结了冰。雪覆盖了一切，洁白的天地就像一幅待染色的画。王月鹏坐在办公室里，一边伴着外面的白雪看书，一边回忆着儿时的往事。

突然，电话铃声响起，"喂，王师傅，有一起事故需要你带领班组成员去处理一下。"王月鹏迅速收起自己正在看的书——《特高压交直流电网》，夹好书签，以便记录自己看到了哪一页，然后召集班组成员出发了。

他带领班组人员火速赶到现场，发现是电线杆上的绝缘子坏了，而这根电线杆恰巧为抱立杆型。由于杆型的特殊性，停电更换绝缘子的难度都非常大的，更别说是带电作业了。这项工作至少在北京带电技术领域还是一项技术空白。

什么都做不了的结果让王月鹏感到非常沮丧。他决定针对抱立杆型研制一个导线固定装置，彻底解决抱立杆型不能带电更换绝缘子的问题。回到办公室以后，王月鹏查阅了国内外大量资料，结果很遗憾，当时还没有哪项技术能解决这类问题。

但王月鹏并没有罢休。既然没有前人走出一条路，那么就让自己为后人走出一条路来吧。

他自己做了大量的准备工作，一旦有新的想法就会在本子上

⊙ 王月鹏现场工作照片

记下来，然后虚心地向经验丰富的带电专业老师傅请教，老师傅们说的每句话，王月鹏都认真地听，时不时还要做笔记。晚上他会将白天所听所见所想全部汇总，慢慢消化，等到第二天再将自己的想法与班组人员交流。

画图、挑选材料、找制作厂家制作模型，这些工作王月鹏全部亲力亲为。在他的不懈努力之下，终于做出了一个样品。可是拿去实际操作时，发现还是不行。一次的失败并不能打倒他，王月鹏发挥了共产党员迎难而上的精神品质，一次、两次、三次……，他不厌其烦地修改、试验，最终通过十多次完善改进，"抱立杆型边相导线固定装置"终于研制成功了！在2015年11月30日，该项目向国家知识产权局申请了发明专利，并在2016年获得了批准。

这项发明名为"导线固定装置"。作业时，要先把支撑装置固定在配电杆上，再将勾挂机构与支线机构安装在支撑装置上，支线机构先将绝缘子上的导线支起，支出至靠近勾挂机构时，勾挂机构下降对导线进行勾挂，从而实现导线的安全移动和固定，此时，施工人员就能在导线通电的状态下对绝缘子进行更换了。

这项成果获得了发明及实用新型两项国家专利，更是填补了北京市电力公司带电作业更换抱立杆型针式绝缘子的技术空白。

三、首届"北京大工匠"

2017年，为了深入贯彻党的十九大精神，在全社会弘扬劳模精神和工匠精神，北京市总工会决定在全市开展"弘扬工匠精神，践行社会主义核心价值观"活动，选树"北京大工匠"。

在挑战赛这一环节，各行各业报名都十分踊跃，一共有5.4万家工会进行组织和个人自荐，最终确定98名人选，再通过技能比赛和专家评审确定了28名"北京大工匠"种子选手。他们之间并不先进行比拼，而是向全社会公布，如果有人发起挑战，28名种子选手必须接受挑战。北京市各地各个行业的高手齐聚于此，王月鹏作为一名资深的实力派选手，自然也位列其中。

这一次评选活动和之前的大不相同，所有参与评选的人，要在规定的时间内，使出自己的看家本领，而且要力求完美。整场比赛分为四个环节——预热赛、挑战者选拔赛、终极挑战赛、大众评审打分，并有公证员在现场监督，保证了比赛的公平、公正。

王月鹏在电力行业勤勤恳恳地工作了二十多年，在实践中习得一身本领。不论是身体素质，还是个人的工作经验，都处于不错的状态，颇有一种"试看天下谁敌手"的雄心壮志。

在预热赛中，王月鹏看到了与他竞争的另外两名种子选手。配电设备安装的龙工，他是一位老师傅，技艺高超，脸上写满了自信，感觉他脸上的皱纹都带着一种强大的气场。电梯安装的陶工，从业二十多年来，安装调试电梯千余部，实现一次交验合格率100%，从他雄浑的声音中就能听出他有十足的底气。这让王月鹏感到很有压力，不只是技术上的，还有气场上的。好在预热赛是不算成绩的，想到这里，王月鹏的心里稍微轻松了一些，但仍对比赛给予了足够的重视。

比赛前，王月鹏到现场观摩了其他组别的比赛。他发现不论是年纪大一些的选手，还是年轻的选手，都表现出了近乎完美的水平，这不得不让王月鹏的手心里捏了一把汗。他不由得自问："我的优势到底在哪？面对如此强大的对手我能不能走到最后？"对于王月鹏这样经验丰富的选手来说，这个问题很快有了答案："没必要想那么多，我只要用尽全力，不留遗憾就好。""要不就别做，要做就不能输。"就这样，他一路过关斩将，闯进了终极挑战赛。

王月鹏想起很多因为攻克技术难题而不眠的夜晚，他也想到自己曾流下的不计其数的汗水，这些都源于对一份工作、一个专业的热爱。因为热爱，所以坚持；因为责任，所以努力。

2017年11月26日这一天，王月鹏迎来了终极挑战赛。

王月鹏要做的是在15米高的绝缘工作斗内开展作业。此时正是北京的初冬，气温很低，现场所有的工作人员包括裁判都是穿着羽绒服或厚厚的棉袄，而王月鹏只穿着一件单衣在作业，但是在他完成整个比赛项目时，里面的衬衣和内衬手套都被汗水浸透了。

全部比赛环节结束以后，参赛选手需要在评审会上发表一段简短的演说。

当主持人说完"下面有请王月鹏上台发表感言"时，只见王月鹏身穿国家电网工作服，胸前佩戴五枚金光闪闪的勋章，昂首阔步地走到台前，每步都走出了一名带电作业人的风采，每步都走出了共产党员应有的底气。面对台下的专家评委和大众评审团，王月鹏目光坚定，完全脱稿进行了一场精彩的演说：

大家好，我叫王月鹏！

来自国网北京昌平供电公司，是一名高压带电作业电工。因为我工作的性质，很多人都称我们为"空中飞人"，但其实我们是真正与死神打交道的人。

记得我刚参加工作的时候，师傅跟我说过一句话，他说带电作业不是怂人能干的，要吃得了苦，要胆大心细，要付出比常人更多的坚持。但当时的我很年轻，心里边儿有一百个不服气，我就在想：不就是一个电工吗？有这么夸张吗？当我真正跨入这个行业大门之后，我才发现自己"too young, too simple"。

可以说每名高压带电作业电工，都是百里挑一的精英。因为除去要掌握高压和低压电工的日常操作技能以外，我们还要能够在百米高空如履平地，酷暑严寒，视若等闲。因为我们如果不练就一身过硬的本领，稍一疏忽，不但会造成大面积的停电，还可能造成网断人亡。

二十多年来，我和我的同事们一直都在"刀尖上"行走，早已把个人的安危置之度外。其实，我们不是雷锋，也不是电影《芳华》中的刘峰。我们只是一群默默守护着首都电网大动脉的普通人。党的十九大的保电现场，我们在岗位上坚守；高温大负荷，我们在岗位上坚守；除夕团圆夜，我们依然在岗位上坚守。

我自己只是做了一点点的工作，却得到了很多褒奖：全国五一劳动奖章、国家电网公司劳动模范、全国电力行业技术能

⊙ 2017 年 6 月，王月鹏参加"北京大工匠"选树活动

手。但是我想这些荣誉不是属于我个人，而是属于千千万万像我一样的普通劳动者。为了首都的万家灯火，为了把匠心传承下去。我会不忘初心，砥砺前行。

谢谢大家！

话音一落，全场响起了热烈的掌声，王月鹏的眼睛里迸射出和勋章一样的光芒。那光芒里涌动着的是他的奉献，是他的坚守，是他的无怨无悔。

评委组对王月鹏的表现给予了高度评价。认为他动作精准利落，没有一丝拖沓，彰显了配电线工带电作业的风采，展示了大国工匠的水平。

最终，王月鹏经过层层选拔，被评为首届"北京大工匠"。颁奖典礼上，著名评书表演艺术家刘兰芳老师为王月鹏宣读了颁奖词："临空于一线，网联千万家，风雪何惧；双手握精艺，志向存精诚，壮志凌云；光明使者，心系冷暖，电光石火，勇往直前。"然后由王月鹏的恩师彭新立亲自为他颁奖。当王月鹏弯腰接过奖杯的那一刻，我们能清晰地感觉到，这其实也是一种匠心的传承，是一种劳模精神的传承。

四、大工匠创新工作室

获得首届"北京大工匠"的王月鹏，明白自己肩上的担子越来越重了，更是一刻都不敢放松。

根据规定，北京市总工会将支持"北京大工匠"获得者在自己的单位设立"工匠创新工作室"，并且鼓励这些人开展名师带徒、技术创新、难题攻关等项目。

就这样，在各方的大力支持下，"王月鹏大工匠创新工作室"在国网北京昌平供电公司成立了。工作室的28名成员，都是非常有能力、有才华的人，他们都是带电作业领域的技师、工程师，其中还有4名是高级技师，具有多年的一线工作经验和创新经验。工作室还吸纳了优秀的新毕业大学生，他们踏实肯干，思维活跃。由全国劳动模范王月鹏担任项目总负责人，已经研发出了一系列实用可靠的创新工器具，推动工作室不断向前发展。工作室的设施也非常先进，有精良的现代化办公设备以及开展创新活动所必备的各类工器具，为开展一系列项目创新工作提供了良好的条件。

生命不息，奋斗不止。

自从有了这个工作室，王月鹏就有了第二个"家"。

每次出去执行完任务以后，王月鹏都会带领大家在工作室总结经验，认真研讨工作中出现的问题，大家经常是集思广益，有时一讨论就是好几个小时，虽然会很激烈，但也是一个非常享受的过程。王月鹏脸上的表情也随着讨论的进度而发生变化，有时嘴角扬起笑意，有时又低头沉思不语。

要是遇到没有解决的问题，王月鹏甚至都顾不上吃饭，实在饿了，就在工作室里一边啃着馒头，一边研究手里的工作。"虽然现在成立了这么一个工作室，但是我们的任务还是有很多的，我们需要攻关的科研难题也有很多，我作为一名共产党员和工作室的负责人,应该这样,也必须这样。"

王月鹏记得,有一次在送儿子上学的路上,遇见了正在带电作业的同事,王月鹏就对儿子说:"儿子,你看,这就是爸爸要干的工作。"儿子问:"爸爸,那你为什么不去工作呀?"王月鹏解释每个人的任务是不一样的,现在不需要他去。原以为这个话题就这样结束了。没想到过了大概三十秒,儿子说:"爸爸,我知道,你的工作很危险。别人出点错儿,没关系,你出点错儿,人就没了。"听了儿子的话,王月鹏的心里一时间五味杂陈。王月鹏看到儿子如此懂事,不得不想到工作室里其他人的家庭,大概每个带电作业的同事,家人都会有这样的担忧。

"让带电作业有更广泛的应用,前提是要最大限度地保障每个人的安全。"想到这儿,王月鹏继续啃着手里的馒头,再次把自己的头埋进书里,埋进桌子上堆积如山的图纸中,饶有滋味地看了起来。

五、带电检修,保证百姓正常用电

不甘平凡地度过一生,才有可能破茧成蝶,为世间增添别样的风景。

2019年,王月鹏四十岁。在电力行业,王月鹏用二十多年的时间自我沉淀。他的书架上摆满了各种各样的书籍,只要一有时间,他就随手拿起一本读。他一边读一边用不同颜色的笔做批注,书里的电力世界,总能让他沉浸其中,有时一看就是好几个小时。

⊙ 王月鹏现场工作照片

王月鹏将自己从书中获得的所有知识，融会贯通，形成了自己的一套理论，最难得的是，他能将实践和理论结合起来，不断创新，突破一切艰难险阻。在王月鹏的心里有一个愿望：要将带电作业推广、应用于各类日常工作中，让带电作业更广泛地发挥其作用，让电力客户享受持续、可靠的供电。现在看来，他几乎是在用生命为燃料，向着这个平凡而又伟大的目标前进。

为了保证线路的正常运行，电力相关部门要对线路定期巡视和检查，一旦发现问题，就要及时处理。在春季检修期间，昌平公司运检部计划对10千伏的七南路执行线路清扫工作。

线路清扫并不是一项简单的工作，尤其是高压线路的清扫工作。检修人员需要擦拭绝缘子、检查瓷件和铁件是否结合紧密、引线接头和接地是否良好、线间对地距离是否足够，还要检查并清扫配电变压器，看其高低压套管表面是否光洁、有没有裂纹等。所有的这些工作，正常情况下，都应该在停电状态完成。

但是考虑到这条线路涉及的供电区域人口密集，停电检修必然会影响用户正常用电。"咱们有没有可行的办法在不停电的情况下完成检修任务？"线路专业的同志给王月鹏打电话的时候，已经是晚上11点多了，接到电话的王月鹏从床上起来，悄悄地来到书房，找出相关的资料，熟练地在图纸上画着线路结构图，分析总结带电作业在各类配电线路工作中的可行性，最后发现带电检修应该是有可能实现的。

在此之前，昌平公司从来没有人能够担当起带电检修的任务，主要是因为10千伏线路相间距离小，危险系数高，作业难度系数大，而且需要几组人员同时配合操作。但是"带电检修"一直是王月鹏的心愿，"北京公司现有带电作业项目三十三项，我一直希望能够在现有项目的基础上，拓展带电作业的作业面，让带电作业在更多领域发挥力量。"

第二天，经过现场勘查和一晚上的工作方案制订，王月鹏给出了肯定的答案：可以由带电班执行带电检修。

事实上，2019年初，昌平公司就为带电班增加了人员配置，这让王月鹏信心倍增。在日常工作中，他也有意识、有针对性地加强日常操作练习和模拟练习。直到他确定带电检修各方面条件已经成熟，才做出了这样的决定。

4月15日到16日，连续两天从早上8时到晚上5时，王月鹏带领带电班成功地完成全程二十多公里长的七南路带电检修任务。

目前，带电检修已成为昌平公司常态化作业项目之一。这期间，王月鹏还成功地将综合不停电作业法应用到实际工作中，并成功完成以硬质绝缘紧线器和对接管配合断接主导线工作的新尝试。

六、"大国工匠"

2019年7月22日，全国能源化学地质系统"大国工匠"培训班在黑龙江省大庆市铁人学院和京能集团劳模博物园举办，百余名来自煤矿、电力、石油、石化、化学、医药、地勘、测绘行业的工匠人才参加，目的是为全系统各行业、各领域的工匠人才搭建平台，助力他们成长为领军人物，更好地发挥旗帜标杆作用，引领全系统的广大产业工人"撸起袖子加油干",为实现中华民族伟大复兴的中国梦而努力奋斗。王月鹏作为电力行业的佼佼者,也参加了这个培训班。

夏日的阳光洒在水面上,波光粼粼,和煦的微风拂起水边的柳枝,分外迷人。参加培训班的人在鸟语花香之中静静地体味着淡泊名利、甘于奉献的劳模精神和砥砺前行的奋斗精神。

培训班的课程丰富多彩,有"回眸历史,拥抱新时代主题升旗仪式""劳动开创未来,奋斗成就梦想""与劳模对话,点亮心灵灯塔""学习先进榜样,感受时代力量""书香润泽人心,雅言启迪人生""突出政治引领,传承劳模精神"等。培训班开班第一讲就是学习贯彻习近平新时代中国特色社会主义思想,为此培训班特意请来了中央党校的教授给学员进行深刻、全面、细致的解读,一共上了三个小时的课程,王月鹏全程录了音。

回到宿舍以后,王月鹏拿出自己的录音笔,戴上耳机,一遍又一遍地反复学习教授所讲的内容。有觉得特别重要的话,王月鹏会听几句就暂停一下,听几句就暂停一下,然后一字不差地记到本子上。他珍惜每次进步的机会,要学就要彻底学懂、吃透、用透。

劳模博物园中的五块劳模丰碑让王月鹏记忆深刻,分别有"铁人旗帜高高飘扬""特别能战斗豪迈足迹""毛泽东号永当先锋""志在神舟绘新图""两弹一星筑梦中华",每块丰碑都由不同的人讲解。王月鹏一边听讲解,一边觉得浑身精气神倍儿足，他真切地、实实在在地感受到了劳模精神的力量。

教学现场云集了很多非常厉害的人物，有大国工匠高凤林、谭文波、王进、朱恒银及全国劳模、时代楷模、改革先锋张黎明等。在培训班里，王月鹏和张黎明是同桌，张黎明就坐在王月鹏的右侧。作为天津市电力系统唯一享受国务院政府特殊津贴的一线工人，张黎明上课时依然认真倾听老师讲的内容，详细地记录每个要点，在与老师互动时，他思维飞速运转，发表的见解独到，在事迹分享时诙谐幽默，这些都让王月鹏越来越敬佩他，也让王月鹏明白了什么才是真正的劳模，什么才叫作"平凡孕育伟大"。通过学习，王月鹏努力的方向更加明确了，仿佛为自己的身体注入了新鲜的血液。

王月鹏在参加"时代新人说——我和祖国共成长"全国演讲大赛时，说过这样一段话："高危的职业就意味着严格的要求，为了保证毫米级的精准度，我们的日常就是一遍又一遍地训练力量、平衡、技巧、速度、准头。凛冽寒风中，手指冻得失去知觉，炎炎烈日下，绝缘服就像一个蒸笼，里边的温度有五十多摄氏度。而冒着四十摄氏度高温去抢修，那更是常有的事儿，一项工作下来，从头到脚没有一块儿干的地方，工作服不用拧，放在那里自己就能往下滴水。"

这就是"大国工匠"，面对危险，等闲视之，他们总是可以身先士卒，在平凡的岗位上追求着极致与完美。所有的这些，王月鹏做到了，"荣誉更意味着责任"，纵使前路难关重重，也挡

⊙ 2019年8月，王月鹏参加"时代新人说——我和祖国共成长"全国演讲大赛

不住一个信念坚定的人。

七、时刻准备着

作为带电作业班的班长，王月鹏从除夕开始一直坚守在供电保障的最前线，从未离开。只要有任务，他就会立刻出发，刻不容缓。

2020年3月6日的下午，王月鹏接到一个电话，是昌平公司运检部的紧急通知，位于昌平区南口镇长水峪村的10千伏长水峪路出现接头发热现象，如果温度过高，将造成导线断线。一旦断线，最直接的结果就是停止供电。如果断线处的断头未落地并没有造成牵引变电所跳闸，那么很可能会因为接触线的张力及弛度的急剧变化，在其他位置引发一些事故；如果断线处断头落地，则会造成接触网对地短路放电，短路电流可能会损坏，烧断承担着输电和悬挂机车滑道线双重作用的承力索或接触网等其他设备及零部件。

10千伏长水峪路不仅是辖区重要的"煤改电"线路，更为境外输入人员隔离点提供电力保障。如不及时处理，不仅会影响电路的正常运行，也会给隔离人员造成生活上的不便。

而且当时，北京正处于"煤改电"用户度冬保障的关键时期，负荷的增长使该线路电流数值超过了带电作业专用设备的承载力。通常情况下，需采用线路互带的方式，通过另一条线路将该线路部分负荷带出，从而降低电流数值，以满足带电作业条件。

任务紧急，负责该辖区管理的供电所第一时间给出了线路互带的建议方案，但前提是要暂时停掉10千伏长水峪路的四台变压器。虽然已将居民停电损失降到了最小，但仍然意味着有少数居民将受到停电影响。

王月鹏之前来过这里处理过一次停电事故，当时他了解过附近的村民用电情况。他清楚地记得有好几户家里的老人都离不开呼吸机，停电一秒钟，都会给他们带来巨大的痛苦，更不要说几十分钟的停电了。

王月鹏皱了皱眉头，当时就说："站在'不停电'作业的角度，我希望一户电都不要停。"话音未落，他就拿来所有关联线路的图纸，拿着笔在图纸上仔细研究。他总结了自己在二十多年间处理的类似事故的经验，没过多久，便找到了两全其美的解决办法。

王月鹏穿好绝缘服、绝缘披肩，系好安全带，登上绝缘斗臂车，对车内的同行人员说："着车！"等车到了出现问题的位置，在夕阳下，王月鹏站在晃动的斗臂车里，精准而又条不紊地进行着每个动作，一个多小时后，10千伏长水峪路故障在没停一户电的情况下被成功消除。

北京市昌平区，位于北京市西北部，截至2021年，昌平区下辖8个街道、4个地区、10个镇，常住人口约为227万人。正是因为有了王月鹏这样的带电作业人，这200多万人才能更好地享受不停电的幸福。只要有电的地方，就会看到王月鹏这些带电作业人的身影，他们穿过丛林，越过小溪，走过荆棘，准时快速地解决百姓的用电问题。

八、走进人民大会堂

1950年至2020年，党和国家先后召开16次表彰大会，表彰全国劳动模范和先进工作者超三万人次。

2020年9月30日，王月鹏参加了烈士纪念日向人民英雄敬献花篮仪式。庄严的天安门广场上，五星红旗在湛蓝的天空中迎风飘扬，一座巨型的"祝福祖国"的花篮放在天安门广场中央，人民英雄纪念碑巍然屹立。

同年11月24日，全国劳动模范和先进工作者表彰大会在人民大会堂隆重举行。北京地区共有79名劳动模范，王月鹏作为受到表彰的一员，实现了多年的愿望——人生中第一次走进人民大会堂，当面聆听习近平总书记在全国劳动模范和先进工作者表彰大会上的重要讲话。

当习近平总书记谈到"在长期实践中，我们培育形成了爱岗敬业、争创一流、艰苦奋斗、勇于创新、淡泊名利、甘于奉献的劳模精神，崇尚劳动、热爱劳动、辛勤劳动、诚实劳动的劳动精神，执着专注、精益求精、一丝不苟、追求卓越的工匠精神。劳模精神、劳动精神、工匠精神是以爱国主义为核心的民族精神和以改革创新为核心的时代精神的生动体现，是鼓舞全党全国各族人民风雨无阻、勇敢前进的强大精神动力"，王月鹏对"劳动"一词也有了更加深刻的理解。他倍受鼓舞，在自己的笔记本上郑重写下：正像习近平总书记所说，"社会主义是干出来的，新时

⊙ 2020 年 11 月，王月鹏参加全国劳动模范和先进工作者表彰大会

⊙ 2020 年 11 月，王月鹏参加全国劳动模范和先进工作者表彰大会

代是奋斗出来的"。珍惜荣誉、保持本色，谦虚谨慎、戒骄戒躁，继续发挥示范带头作用。这是习近平总书记对我们的要求与期望。往大了说，为了祖国的繁荣富强、为了公司高速发展，我没有停下来的理由，没有不全力以赴的借口。往小了说，作为一名一线工人，我会踏踏实实、尽职尽责地做好自己的本职工作。

2021年2月10日，中共中央、国务院在人民大会堂举行2021年春节团拜会。

王月鹏作为劳模代表，被邀请参加，他将再一次走进人民大会堂。得到消息的王月鹏，激动得一晚上都没有睡着觉。王月鹏下班回家之后，看到妻子正在做饭，微笑着跟妻子说自己将要参加团拜会的事情，妻子把做好的菜端上桌子，坐在凳子上，跟王月鹏说："你的担子越来越重了，一定不要辜负党对你的培养。"王月鹏笑了笑，"你说得对。先吃饭吧，吃完饭我还要查点儿资料，有一些问题，今天想了一天都没什么思路。"

2月10日的早晨，王月鹏很早就到了集合地点，有专门的工作人员在现场引导。当王月鹏走进人民大会堂宴会厅时，看到周围28根11米高的沥粉贴金廊柱，奶黄色的墙壁和巨大的圆形廊柱装饰着沥粉贴金花饰。厅顶天花中央镶嵌着由水晶玻璃组成的吸顶大花灯，周围是具有中华民族特色的点金石膏雕塑和棋盘式的彩色藻井，目之所及，星光熠熠。当习近平总书记等党和国家领导人缓步走入大厅时，大家都起立鼓掌，王月鹏是第二次和总书记如此接近，看到总书记两鬓已有了白发，心中也是感慨万千。

团拜会正式开始，王月鹏坐在第一排，更加近距离地聆听了习近平总书记的讲话。让他印象最为深刻的就是"三牛"精神：

同志们、朋友们！

在中华文化里，牛是勤劳、奉献、奋进、力量的象征。人们把为民服务、无私奉献比喻为孺子牛，把创新发展、攻坚克难比喻为拓荒牛，把艰苦奋斗、吃苦耐劳比喻为老黄牛。前进道路上，我们要大力发扬孺子牛、拓荒牛、老黄牛精神，以不怕苦、能吃苦的牛劲牛力，不用扬鞭自奋蹄，继续为中华民族伟大复兴辛勤耕耘、勇往直前，在新时代创造新的历史辉煌！

最后，祝大家身体健康、工作顺利、阖家幸福、万事如意、牛年大吉！

谢谢大家。

习近平总书记的讲话，更加坚定了王月鹏的努力方向。作为劳模和工匠，一定要坚定不移地发扬"孺子牛""拓荒牛""老黄牛"精神。在带电作业领域，更应该把自己所学贡献出来，和大家分享，就像当年师傅彭新立把自己的所学倾囊相授一样。带电作业还有许多难关要去攻克，必须让带电作业有更广泛的应用。作为带电作业人，更应该无畏寒冬酷暑，要能吃苦、不怕苦。

⊙ 2021 年 9 月，42 岁的王月鹏参加庆祝中华人民共和国成立 72 周年招待会

将以萤烛之光，守护万家灯火

一、工匠精神：承诺　执着　传承

王月鹏第一次看师傅彭新立在电线杆上带电作业，令他对这个专业产生了兴趣，他对师傅说："我想学！"从此他就没有离开过带电作业这个行业，这便是承诺，是对师傅的承诺，也是对自己的一份承诺。

为了这份承诺，王月鹏执着地在人生路上追寻更好的自己。

带电作业其实对于一个人的体力是有相当高要求的。一个没有受过训练的人，如果让他去登杆，恐怕还没有到杆顶就已经气喘吁吁了。更何况王月鹏不仅要以最快的速度登上杆顶，还要在登上杆顶后，手不能抖地去进行带电作业。于是，王月鹏不放过任何一个锻炼自己的机会，要是把工作都做完了，他就会从兜里掏出握力器，时不时地练一练，这样可以锻炼自己的手劲儿。这还算是相对轻松的训练，比较艰苦的是，不管寒冬腊月，还是烈日酷暑，他经常进行各种作业练习，累到胳膊青一块儿、紫一块儿的，手心会磨起很多水泡，时间一长，便都成了茧子。

2019年，国网北京电力公司举办了"2019年度配网不停电作业技能竞赛"。比赛分为两个部分——理论和实操，历时四天。

王月鹏给全班组人员报了名，还对班组成员讲了他自己的参赛经历，并且告诉他们，每次比赛都是锻炼自己的绝佳机会，所有人都应该参加。然后就带领大家到训练场上，一个项目一个项目地练习，要是看到谁做得不标准，他就会当即纠正。

在训练的时候，王月鹏不仅要给大家讲动作要领，还要做许多后勤保障工作。比如说要准备训练器具、协调大家的工作时间，既不能耽误正常的工作，也不能耽误训练进度。

夕阳西下，落日把王月鹏的影子拉得很长很长，他仍然在训练场上耐心地给大家讲解每个动作的要领。他自己担任过一些比赛的评委，所以非常清楚什么样的动作能让评委满意，什么样的动作才是完美的。"参赛并不只为了争荣誉，更多的是要学习。有些带电作业项目，我们平时工作中很少遇到，却是赛事的一项考试内容，我有幸在比赛中学到了很多。做就做到最好，我希望大家能把每次训练都当作一次正式比赛来看待。"最终，他带领的团队获得团体第三名、个人第二名和第三名，成为除专业公司以外获得奖项最多，而且是唯一在三个比赛项目中都获得名次的单位。

不论年龄如何增长变化，他始终铭记自己是一名党员，是一名技术带头人，凡事都应该冲在最前面，要做就做到极致。党员就要"平常时候看得出来、关键时刻站得出来、危难关头豁得出来"，王月鹏每做一件事都会严格按照党员标准去衡量，模范带

⊙ 2019 年 9 月，王月鹏为参加国网北京市电力公司举办的 2019 年度配网不停电作业技能竞赛进行赛前训练

⊙ 2019 年 11 月，王月鹏参加国网北京市电力公司举办的 2019 年配电不停电作业技能竞赛

⊙ 2019 年 11 月，王月鹏参加国网北京市电力公司举办的 2019 年度配网不停电作业技能竞赛

头只是作为一名党员最基本的素质。

2019年，王月鹏又有了新的突破，他拓宽了带负荷更换柱上断路器应用领域，可以将这种先进技术应用在实际工作中。带负荷更换柱上断路器最直接的效果就是可以保证居民用电，但是这种方法十分复杂，需要剥除导线绝缘层、搭接绝缘引流线等步骤才能完成作业。即便如此，王月鹏也会详细地拆解每一步，给大家讲解，他自己说："我要让大家都能掌握这种技术本领，培养更多的带电作业人才，这也更有助于提升带电作业在现实工作中的实战性。"

当荆棘刺疼他的灵魂，当死神靠近他的脚尖，他依然昂首高歌，踏步前行，这便是一种执着的精神，而且是一种坚毅的执着，任凭风吹雨打也不会动摇。王月鹏就是这样的一个人。荆棘、死神的逼近，只会让强者更加兴奋，让强者更加强大。

人类历史文明的不断进步，恐怕离不开先驱者的执着，当然也离不开后来人的传承。从电的发明到应用，再到王月鹏今天所从事的带电作业，每个成就都是奋斗者的结晶。他们也从来不吝惜代代相传，这也是让文明生生不息的必行之路。

在国网公司和北京市组织的相关专业比赛中，王月鹏多次担任裁判和裁判长，并且依据公司发展的实际情况制定了相应的比赛项目，发现了更多的高技能人才，并为这些高技能人才提供了更加专业、快捷的晋升通道。

王月鹏除了工作的时间，剩下的时间大多数都是在训练场上，他自己清楚，平时训练苦一些，工作时就能安全些。他对自己的徒弟要求非常严格，哪怕是有一丝一毫的差距，都要求徒弟从头再来。王月鹏说："师傅是徒弟最好的教练，更是徒弟最好的陪练。"

在北京市职业技能大赛配电线路决赛开始前，王月鹏用了整整一个月的时间，陪要参加决赛的徒弟杨鑫备战。他们一起拽着又糙又硬的钢线，一次次窝弯、绑扎，一次次相互比赛。训练场上总会响起王月鹏的声音："拉线还得再过一点儿，不行不行，重来！绷住劲儿，一圈一圈绑！""我们再比一次，准备，开始！"这是作为师傅的王月鹏在陪着徒弟练习。徒弟杨鑫对师傅如此严格的要求，最开始也是不理解的，直到后来他在比赛中夺得了第一名，并于同年获得了首都劳动奖章，他才理解了师傅的良苦用心。

当年师傅彭新立传给王月鹏的本领，他又结合自己多年的工作经验，全部传给了新一代带电作业人。在王月鹏的悉心指导下，先后有十一名班组成员拿到不停电作业资格证书。现在，许多带电作业项目，即使没有王月鹏的指导，他们也能自己独立完成了。

王月鹏在接受中宣部"学习强国"学习平台采访时，深情地谈道："我觉得，工匠精神就是一种承诺、一种执着、一种传承。我是从我师傅那里学到的专业和技术，而我在拜师的那一刻即是一种承诺。在学习的过程中，要有敢想敢钻的那股'拧劲儿'，要有不撞南墙不回头的那种执着。同时，我有责任也有义

⊙ 2022 年 4 月，王月鹏参加《中国梦·劳动美——2022 五一国际劳动节"心连心"特别节目》录制

务把自己所学的理念、技术传承下去。"

二、超凡毅力，传承光明

2022年5月1日，由中华全国总工会和中央广播电视总台共同举办的《中国梦·劳动美——2022五一国际劳动节"心连心"特别节目》，在北京雁栖湖国际会展中心录制。节目组邀请了劳动模范、冬奥会冠军、最美职工等为社会做出突出贡献的人参加，王月鹏作为嘉宾参加了节目的第三场致敬仪式。

在节目现场，当主持人说完王月鹏的出场词"他/排除万难/守护千家万盏灯"时，王月鹏身穿国家电网黑色工作服，胸前佩戴九枚勋章，昂首阔步地出现在镜头之前。他面庞坚毅，飒爽英姿，意气风发。

他缓缓地拿起镌刻着自己名字的"劳模印"。这枚蕴含特殊意义的印章是主创团队与中央美术学院联手，为莅临现场的劳动者代表专门定制的专属印章，印章另一面刻有"中国梦 劳动美"六个大字。

王月鹏凝视着印章，想到从业二十多年来所经历的一幕幕，心中感慨万千。这些年以来，他从来不敢放松，一直兢兢业业，也终于为社会贡献了自己的一点儿力量。作为电力工人，他24小时待命，哪里有问题，他就奔向哪里，不论路途多么远，不论条件多么苦，只要能守住百姓的光明，他就无怨无悔。

截至2023年2月，王月鹏带领班组开展带电作业22000余次，累计多供电量10300余万千瓦时。同时，王月鹏深度参与了《配电线路工标准化作业指导书》一书的编写工作，发表论文14篇，取得发明专利11项，参与编写多项作业指导书及操作规程。这一切，足以说明王月鹏当年的那个承诺是发自内心的，他也完美地诠释了什么叫"不忘初心"。

王月鹏在镜头前说了八个字"传递光明，送去温暖"，这八个字看起来简单，但实际上需要付出很多很多。保持百姓不断电，这是在"传递光明"，电作为新能源可以在冬季供热，这是在"送去温暖"。王月鹏以一颗赤诚之心，成为光明的使者，也成为温暖的使者。

马克思说，劳动是一种自由自觉的创造性活动，是自由的生命表现。

王月鹏有一个目标，就是实现带电作业的自由，他说："希望有朝一日10千伏配电线路带电作业能够完全替代停电检修作业，真正做到'一户电都不用停'。"王月鹏的种种专利发明正是一种自觉的创造性活动，所以王月鹏是拥有"自由的生命"的。

幼时的王月鹏，知道自己要做听话的好孩子，从不在外面惹事；

少年时的王月鹏，是班级中的佼佼者，聪敏好学，事事都做得很优秀；

青年时的王月鹏，第一次面对人生选择的纠结，最终选择了技校；

中年时的王月鹏，不怕苦累，敢于挑战自己；

如今的王月鹏，心怀壮志，砥砺前行。

父母在王月鹏的心底种下了一颗种子：只要有一技之长，便可以活命。王月鹏始终没有忘记。他从小表现出来的"要做就要做好"的精神，现在已经深深地融入骨髓里。有困难，不怕，他以自己的坚韧敲碎一切困难；没有条件，不怕，他以自己的聪明才智创造条件。现在这颗种子已长成参天大树，枝繁叶茂。

狭路相逢，勇者确实可以取胜。

他就是一位勇者。万伏电压，王月鹏面朝死神，从容不惧；数米高空，王月鹏俯瞰生命，胸怀丘壑。

在《钢铁是怎样炼成的》一书中有这样一句话："人最宝贵的是生命，生命对于每个人只有一次。人的一生应该这样度过：当他回首往事的时候，不因虚度年华而悔恨，也不因碌碌无为而羞愧；这样，在临死的时候他就能够说：'我的整个生命和全部精力，都献给了世界上最壮丽的事业。'"

他是谁？他是高压线上的"探险家"。

他到何处去？将要到为实现中华民族伟大复兴的路上去。